Méthode de français
Livre du professeur

1

Jacques Blanc
Jean-Michel Cartier
Pierre Lederlin

www.cle-inter.com

AVANT-PROPOS

DÉCLIC 1
est le premier volet d'un ensemble de trois niveaux d'enseignement
du français destiné aux adolescents de toutes nationalités
qui débutent l'apprentissage de cette langue en situation scolaire,
comme première ou seconde langue étrangère.

Les Allemands disent : « Einsprachigkeit ist heilbar » (« Le monolinguisme, ça se soigne »). Les auteurs de *Déclic*, eux-mêmes multilingues et enseignants de FLE (Français Langue Étrangère) et formateurs de professeurs depuis de longues années, ont concrétisé ensemble leurs idées, motivations et expériences didactiques dans l'élaboration et la publication de matériels d'enseignement pour débutants, chez le même éditeur, en particulier : *En avant la musique* (1984-88), pour adolescents ; *Scénarios professionnels* (1995-96), pour adultes exerçant une profession ; *Escales* (2001), pour grands adolescents et adultes.

Le parti pris des auteurs a été, avec ces manuels et encore plus nettement ici, avec *Déclic*, d'attribuer un rôle central à l'action et à l'échange pour l'apprentissage de la langue, en assurant le passage progressif d'activités guidées de découverte et de systématisation à de véritables tâches de communication en contexte socioculturel.

Ils sont convaincus, avec Louis Porcher (*Enjeux du système éducatif. Le français langue étrangère*, CNDP/Hachette Éducation), qu'« *un élève, pendant qu'il apprend, est un professionnel de l'apprentissage* » et que « *tout élève est un acteur social qui exerce le métier d'apprendre* ».

L'approche de *Déclic* est donc **communicative** (établir des relations, échanger à l'oral comme à l'écrit et en faire son profit, c'est-à-dire *progresser*), **actionnelle** (fondées sur des tâches consenties à réaliser au mieux, parce qu'elles ont une *signification* pour l'apprenant qui sait qu'il peut faire des hypothèses et qu'il a droit à l'erreur) et **fonctionnelle** (« *pouvoir élaborer un discours approprié aux différentes intentions de communication au cours de la réalisation de tâches* », comme l'écrit John Trim, du Comité de l'éducation au Conseil de l'Europe).

On l'aura compris, *Déclic* s'inspire des propositions de Conseil de l'Europe : « *Les langues vivantes : un cadre européen commun de référence, apprendre, enseigner, évaluer* », Conseil de l'Europe, Strasbourg, 1998 (édité par Didier sous le titre *Cadre européen commun de référence pour les langues, apprendre, enseigner, évaluer*, Paris, 2001, 196 pages) et téléchargeable sur le site :
http://culture2.coe.int/portfolio//documents/cadrecommun.pdf

Les utilisateurs intéressés par une réflexion plus poussée sur les apports de l'approche communicative et du Cadre européen commun de référence trouveront quelques éléments à la fin de ce guide.

PICTOGRAMMES ET AUTRES CODAGES UTILISÉS DANS DÉCLIC :

- Unité « Tu ».
- Unité « Vous » (interactions entre adultes et entre jeunes et adultes).
- Unité « Ils » (narration, description).
- Activité d'écoute.
- Activité de prise de parole, le plus souvent en dialogue par deux.
- Activité d'écriture, individuelle ou collective.
- * Précède une expression qui n'est pas du français standard (familière ou argotique).
- **ED** Entraînement au DELF.
- **PF** Susceptible de faire partie d'un portfolio (voir p. 123).

© CLE International/SEJER 2004
ISBN : 209-033377-4

SOMMAIRE

Avant-propos	2
Tableau des contenus du *Livre de l'élève*	4
Présentation générale	6
Principes d'animation	10
Où trouver dans ce guide des exemples de différentes manières de travailler ?	17
Unité 1	18
Unité 2	19
Unité 3	22
Unité 4	24
Unité 5	27
Civilisation : Le jeu des questions	30
Civilisation : Les souhaits	31
Préparation au DELF (1)	32
Évaluation séquence 1	32
Unité 6	33
Mémo (premier épisode)	35
Unité 7	36
Mémo (deuxième épisode)	38
Unité 8	39
Mémo (troisième épisode)	41
Civilisation : Le monde francophone	42
Unité 9	43
Mémo (quatrième épisode)	45
Unité 10	46
Civilisation : Pour ou contre la bise ?	49
Préparation au DELF (2)	51
Évaluation séquence 2	51
Unité 11	52
Unité 12	55
Unité 13	58
Civilisation : Les collégiens de la région de Toulouse	60
Unité 14	61
Mémo (sixième épisode)	63
Unité 15	64
Civilisation : Les Français	67
Mémo (septième épisode)	68
Lecture : Rencontre	68
Préparation au DELF (3)	69
Évaluation séquence 3	69
Présentation du *Mémento grammatical*	70
Grilles photocopiables pour l'unité 13 (« À toi de jouer ! » 3)	71
Corrigés des exercices du *Cahier d'exercices*	72
Transcriptions des enregistrements des activités d'écoute du *Livre de l'élève*	95
Transcriptions des enregistrements des activités d'écoute du *Cahier d'exercices*	111
Le Portfolio européen des langues	123
Le Cadre européen commun de référence	125

TABLEAU DES CONTENUS DU LIVRE DE L'ÉLÈVE

N° et type d'unité	Titre	Objectifs communicatifs	Thèmes
1	C'est parti !		• Le français (mots passés dans d'autres langues, mots venus d'autres langues), la France, la classe de français
2	Tu parles français ?	• Prendre contact	• Les rencontres avec un étranger
3	Salut !	• Saluer ; demander comment ça va	• Les rencontres entre jeunes
4	Je m'appelle Élodie	• Se présenter (entre jeunes)	• Les rencontres entre jeunes
5	La valise grise (premier épisode)	• Se présenter (entre adultes)	• Les rencontres entre adultes
6	Moi, j'ai...	• Parler des objets qu'on possède, en mentionner le nombre	• Les objets et animaux familiers
7	Il est là !	• Demander/donner des informations sur la localisation	• La maison
8	Les quatre saisons	• Demander/donner des informations sur le temps le climat, sur l'état physique	• L'état physique, la météo, les éléments
9	La valise grise (deuxième épisode)	• Demander/donner des informations : localiser, exprimer son ignorance	• La localisation en ville (1)
10	C'est en France	• Situer, décrire un lieu/expliquer où se trouve un lieu. Demander son chemin.	• La localisation (2), déplacements et transports
11	Tu aimes... ?	• Apprécier, comparer	• Les informations personnelles : les goûts
12	Tu as une grande famille ?	• Décrire physiquement, présenter	• La famille, l'âge
13	Tous les jours	• Demander/donner des informations sur la vie quotidienne, l'emploi du temps	• Les informations personnelles : l'emploi du temps
14	La valise grise (troisième épisode)	• Demander /donner des informations sur son état de santé	• Les informations personnelles : santé, prescriptions médicales
15	Bon appétit !	• Demander/donner des informations sur ses habitudes	• L'alimentation, l'emploi du temps

Séquence 1 : contacts (unités 1–5)
Séquence 2 : situer, décrire (unités 6–10)
Séquence 3 : goûts et habitudes (unités 11–15)

Grammaire et actes de langage	Phonétique/Prosodie
• Je/tu (+ « être » et « parler ») • Oui/non • Masculin et féminin des adjectifs (de nationalité)	• Intonation interrogative/affirmative (1), • Terminaison phonétique des adjectifs de nationalité
• Ça va ? Bien... mal, etc. • L'alphabet	• Intonation interrogative/affirmative (2) et exclamative
• D'où ? de/d'+ ville • Pour épeler : accents, apostrophe, cédille, majuscule... • Ne... pas (+ s'appeler)	• Intonation (3) • L'alphabet (classement phonétique)
• Conjugaison de *être, faire, s'appeler, habiter* • Masculin et féminin des professions. • Pour saluer. Tu/vous – singulier/pluriel.	• Opposition [u]/[y] • Cas de non prononciation du *e* en français familier
• Conjugaison de *avoir* au présent • Et (coordination). Un/une/des/combien/pas de • Nombres de 1 à 50. Plus et moins	• Opposition [ʒ]/[ʃ]
• Conjugaison de *voir* et *savoir* • Localisation : où ? À gauche, droite… • Qu'est-ce que, quoi ? • Le/la/l' + *a, e, i, o u* • Le/la/les/un/une/des/quel/quelles	• Opposition [s]/[z] • Intonation (4)
• En/au + noms de pays • Oui, non, si. • C'est quand ? À quelle date ? les mois de l'année et les saisons	• Opposition [w]/[ɥ]
• Pour demander un renseignement : où ? au coin/à côté/en face • Il y a. Articles définis/indéfinis, articles contractés *du, de la, des* • Nombres de 50 à 1 000	• Opposition [v]/[f] • Intonation (5)
• Aller au/à la/à l' • *Y* pronom de lieu • Comment ? En voiture, à pied…. Où ? À 100 m, près de, loin de… • Nombres ordinaux	• Opposition [ã]/[ɛ̃]/[õ]
• Pour dire ses préférences : aimer, préférer/un peu, beaucoup, pas du tout. Conjugaison de *s'ennuyer*. • Pourquoi ? Parce que • Accord et place des adjectifs, comparatif	• Liaisons (1)
• Conjugaison de *connaître, vouloir, dire* • Adjectifs possessifs, on/nous. Tournures interrogatives • Pour parler de l'âge.	• Opposition [ø]/[œ] • Prononciation de six, dix, neuf, et vingt
• Conjugaison de *croire, lire, vivre, partir, sortir, dormir* et *se lever* • Pour demander/dire l'heure. Situer dans le temps : avant, après… • Tout, toute, tous, toutes. • Les négations : ne… jamais, ne… ni… ni…	• Prononciation des jours de la semaine
• Conjugaison de *boire, se sentir, devoir* et *pouvoir*. Mieux • Pour conseiller : il faut, devoir. Beaucoup, trop, pas assez • Depuis quand/combien de temps ? Avoir mal. Les parties du corps.	• Intonation (6) : l'insistance
• Conjugaison de *acheter, attendre, venir* • Les articles partitifs. Le pronom *en*. • Pour conseiller : l'impératif. • Quantités : combien de, peu de, un peu de, beaucoup de …	• Comptine

PRÉSENTATION GÉNÉRALE

■ POURQUOI « DÉCLIC » ?
Parce qu'on joue avec la langue et parce qu'on « démarre » en français.

Le succès pérenne – plus de quinze ans auprès d'un large public renouvelé d'adolescents – d'*En avant la musique*, qui démontrait que l'on pouvait (et devait) jouer avec la langue (« *et communiquer par l'humour, la fantaisie, la surprise* », disions-nous alors) nous a conduits à reprendre l'idée de « réalisme et de vie » en intégrant les nouveaux paramètres de notre époque, et principalement le « téléphone portable » et « Internet ». Ainsi notre principe essentiel qui était : « *le français comme moyen d'accès à une information véritable sur le monde extérieur* » a trouvé une nouvelle justification.

Le « déclic », c'est le bruit, quand on les met en marche, de ces appareils qui font partie de l'univers des adolescents. « Déclic », c'est aussi le « mini coup de foudre », le démarrage, le fait que brusquement on comprend ou on découvre (« J'ai eu le déclic ! »). Avec *Déclic,* on démarre en français, et on va de surprise en surprise en suivant les nombreuses fictions qui sont proposées pour soutenir la motivation.

■ POUR QUI ? → LE PUBLIC VISÉ
Pour des adolescents de collège de 11 à 16 ans

Chacun des trois niveaux : *Déclic 1, Déclic 2* et *Déclic 3,* correspond à une année d'enseignement. L'ensemble de la méthode couvre la tranche d'âge des 11-16 ans au niveau du collège et permet de passer du stade de « l'utilisateur élémentaire » à celui de l'« utilisateur indépendant ».

Ces utilisateurs en développement sont des jeunes débutants complets en français, se destinant à la mobilité européenne ou internationale, réelle (visites et échanges scolaires) ou virtuelle (courrier, Internet).

■ QUAND ? → LES RYTHMES
Trois ans à raison de 90 à 120 heures de cours par an

Déclic se présente sur trois niveaux (composés chacun de 15 unités) pour une utilisation en classe de 90 à 120 heures pour chaque niveau.

■ POUR QUOI FAIRE ? → LES OBJECTIFS
Permettre aux élèves d'échanger en français et de s'ouvrir à d'autres pays
Rendre les élèves conscients de leur parcours, des objectifs à leur évaluation

• L'apprentissage d'une langue doit conjuguer appétence (*cf.* Claude Hagège) et *effort*[1], dans la mesure où on constate immédiatement les effets ou les résultats tangibles de l'apprentissage : c'est par là que naît et se conforte la *motivation*[2] dont on sait bien qu'elle ne se décrète pas ! Bref, on n'apprend bien que quand on sait pourquoi on agit et pour quoi faire.

• Chaque niveau de *Déclic* se compose ainsi de trois volets, appelés *séquences*, englobant chacune cinq *unités*. Chaque séquence affiche, sur sa première page, les *objectifs* des unités qu'elle contient. Ces objectifs sont rédigés en

---

1. « On ne donne pas à boire à un animal qui n'a pas soif « (appétence)/« On n'a jamais rien sans rien » (l'effort est l'implication par la tâche raisonnée et raisonnable à accomplir).
2. Les motivations des adolescents qui apprennent une langue étrangère s'organisent autour de trois dominantes : le désir (et le plaisir) de communiquer avec les autres ; la curiosité intellectuelle ; l'envie de réussir.

PRÉSENTATION GÉNÉRALE

termes de « savoir-faire » (être capable de...) ; une page *Évaluation* en fin de séquence permet de vérifier que ces objectifs ont bien été atteints. De plus, des pages spécifiques *Préparation au DELF* (Diplôme élémentaire de langue française scolaire A1 et A2) sont proposées dans chacune des séquences.
Il s'agit bien de mettre l'élève sur la voie de l'*autonomie*.

■ QUOI ? → LE CHOIX DE LA LANGUE À ENSEIGNER
Un français authentique

Beaucoup d'élèves ou d'étudiants nous font part de leur étonnement ou de leur déception après avoir rencontré des francophones : « Ils ne parlaient pas comme dans mon livre ! » Nous avons donc souhaité présenter un français le plus authentique possible. L'écueil était cependant de risquer d'apprendre aux élèves une langue jugée par certains « incorrecte » ou socialement trop marquée. D'autre part, dans les savoirs que doit acquérir un élève, il importe de distinguer ce qu'il doit pouvoir comprendre et ce qu'il doit savoir produire. Pour tout locuteur, y compris celui de langue maternelle, le bagage des connaissances actives (qui lui permettent de produire du discours) est plus réduit que celui des connaissances passives qui n'interviennent qu'en compréhension. Je peux comprendre le sens de telle expression argotique ou familière sans pour autant jamais l'employer. C'est le choix que nous avons fait dans *Déclic* : à part quelques expressions tellement fréquentes (comme « Super ! » ou « Tchao ! ») qu'elles en deviennent « courantes », donc relevant du français standard, les autres ne sont présentées qu'en compréhension (souvent dans les dessins qui illustrent certains moments de la leçon) et sont précédées d'un astérisque (*). De même, dans *Déclic 3*, l'élève sera amené à découvrir l'existence du passé simple (qu'il pourra ainsi rencontrer sans mauvaise surprise au hasard d'une lecture) sans pour autant qu'il lui soit demandé de l'utiliser. Ainsi il ne risquera pas d'employer mal à propos une expression trop marquée, mais n'aura pas un sentiment de trahison lorsqu'il découvrira que les francophones emploient de telles expressions.
Ce souci d'authenticité nous a conduits aussi à proposer des enregistrements de conversations dits le plus naturellement possible : reprises, hésitations, changements de rythme, élision du « e », etc.

■ COMMENT ? → LES PRINCIPES ET LES MOYENS PÉDAGOGIQUES

Par la grande variété des activités : trois types différents d'unités courtes proposant plus de vingt activités différentes, des « pauses » (lecture et civilisation)
Par un processus précis d'apprentissage
Par une pédagogie qui rend les élèves plus actifs.

■ On n'apprend bien que quand on ne s'ennuie pas, quand les activités, les supports et les approches sont variés, quand on est confronté à la surprise, à l'humour, à « l'air du temps ».
De là, des unités courtes (six pages, sauf pour les premières unités de *Déclic 1*[3]) déclinées en cinq temps ou phases qui proposent de vingt à trente « micro-tâches », en comptant celles du *Cahier d'exercices*.

---
3. Unité 1 : deux pages ; unités 2 et 3 : quatre pages chacune.

PRÉSENTATION GÉNÉRALE

Déclic présente 3 types d'unités :
• des unités à dominante « Tu » (illustrées surtout par des dessins) qui présentent les interactions entre jeunes. Pour *Déclic 1*, il s'agit des unités 2, 3, 4, 6, 7, 11, 12 et 15 ;
• des unités à dominante « Vous » (illustrées par une histoire policière à épisodes, *La valise grise*) qui introduisent les interactions avec des adultes et entre adultes. Pour *Déclic 1*, il s'agit des unités 5, 9 et 14 ;
• des unités à dominante « Ils » (illustrées surtout par des photos). Pour *Déclic 1*, il s'agit des unités 1, 8, 10 et 13. Les unités « Tu » et « Vous » permettent de « parler/écrire à... » : elles proposent des interactions. Les unités « Ils » incitent à « parler de/écrire à propos de... » et donc à décrire, présenter et raconter.

■ Pour chaque unité, *Déclic* propose un découpage en cinq temps.
• L'introduction des nouveautés (que nous appelons *ouverture* dans ce guide) sur une double page. Ce sont des « textes » au sens donné à ce terme par le Cadre européen commun de référence : des conversations ou des textes écrits (récits, lettres, annonces, articles de journaux, courriels, extraits de journal intime...) ou des planches de bande dessinée. Les conversations en « Tu » sont enregistrées en version non bruitée, celles en « Vous » sont en version bruitée ; les textes sont lus de façon particulière pour marquer qu'il s'agit d'écrit.
• « **Écoute !** » : le travail sur la phonétique et la prosodie ; les exercices sont enregistrés.
• « **Je t'explique...** » : la présentation schématique des outils indispensables (grammaire, vocabulaire, actes de paroles[4]) qui sont les objets de l'unité.
• « **À toi de parler !** » : le travail de maniement et d'appropriation systématique (oral) de ces outils ; ce sont des « micro-conversations » dont les amorces sont enregistrées.
• « **À toi de jouer !** » : les activités ludiques de mise en œuvre (jeux, prises de parole, jeux de rôles, actes communicatifs écrits). Pour les activités qui s'appuient sur une tâche d'écoute, les transcriptions des enregistrements figurent à la fin de ce guide.

■ S'intercalent entre les unités, à des moments clés :
• des pages de lecture pour le simple plaisir de lire et naturellement de comprendre ce qu'on lit : d'abord (dans le cas de *Déclic 1*), une histoire à épisodes en bande dessinée *(Mémo)* ; ensuite, des pages de textes divers au niveau de compréhension adapté à la progression des élèves ;
• des pages *Civilisation* pour compléter les savoirs et les pratiques culturels présentés dans les unités.

■ L'enseignant est invité tout naturellement par *Déclic* à devenir davantage un « animateur » qu'un « détenteur/distributeur de savoir ». La diversité des activités est encore accentuée par le fait qu'il a la possibilité de faire travailler les élèves, comme ce *Livre du professeur* l'y incite (voir en particulier la partie inti-

---
4. Les auteurs sont ici encore fidèles à leur principe de « progression en spirale ».
En ce qui concerne le vocabulaire, ce parti pris impose un réemploi systématique des mots introduits (30 environ) que ce soit dans les unités elles-mêmes, d'une unité à une autre, ou encore dans les activités du *Cahier*. Chaque mot est ainsi repris plusieurs fois, ce qui garantit une mémorisation optimale. S'agissant de la *grammaire*, les thèmes et les actes de paroles sont traités par « instillation ». Les apports sont ainsi repris, complétés, réemployés d'une unité à l'autre et d'une séquence à l'autre en passant par le *Cahier d'exercices*.

PRÉSENTATION GÉNÉRALE

tulée « Principes d'animation »), selon des modalités différentes : travail en groupe de deux ou plus, travail individuel, puis confrontation à deux des productions, prises de parole individuelles ou collectives devant un groupe réduit ou la classe complète, échange de productions écrites, activités variées d'interaction entre apprenants, réalisation d'une tâche, discussion, argumentation, jeux collectifs, etc. Cette manière de conduire la classe suppose et implique une attitude particulière par rapport aux essais, aux approximations et aux erreurs des élèves. Au lieu de « corriger les fautes », le professeur intervient davantage comme un « entraîneur » qui guide le parcours de construction des apprentissages proposés par *Déclic*.

■ AVEC QUOI ? → LE MATÉRIEL
Chacun des trois niveaux de *Déclic* comprend :

• un *Livre de l'élève* (128 pages) qui comprend trois séquences de cinq unités (soit 15 unités), un *Mémento grammatical* et de conjugaison, un lexique indiquant à quelle unité sont introduits les mots et des pages *Civilisation, Lecture, Évaluation* et *Préparation au DELF* ;
• un CD correspondant au *Livre de l'élève* ;
• un *Cahier d'exercices* complémentaires écrites et d'écoute (80 pages). Chaque série d'activités (sur cinq pages) y est introduite par le lexique spécifique de l'unité concernée.
Les activités y sont présentées selon une progression « communicative », des plus systématiques (exercices écrits de grammaire ou de repérage pour les exercices d'écoute) aux plus « ouvertes » : jeux de rôle et autres jeux, écoute et compréhension globale, etc. Certaines activités correspondent donc aux « À toi de parler ! », d'autres davantage aux « À toi de jouer » du *Livre de l'élève* ;
• un CD correspondant au *Cahier d'exercices* ;
• un *Livre du professeur* (128 pages) contenant également les corrigés/solutions des activités complémentaires du *Cahier*, les transcriptions des enregistrements des activités du *Livre de l'élève* et des exercices du *Cahier d'exercices*.

> **POUR RÉSUMER**
>
> *Déclic* est une méthode motivante :
> • par la variété, le dosage et la fréquence de ses activités ;
> • par l'attrait des fictions (illustrées de dessins ou photos ou en bandes dessinées) ;
> • par la possibilité de varier les parcours d'apprentissage.
> C'est une méthode claire par sa présentation.
> C'est une méthode simple à utiliser.
> C'est une méthode efficace :
> • les savoir-faire communicatifs sont privilégiés, en particulier par la place importante donnée aux activités orales ;
> • les phases de l'apprentissage sont bien identifiées ;
> • les compétences sont évaluées et constatées pas à pas.

PRINCIPES D'ANIMATION

■ LA CONCEPTION DE L'ENSEIGNEMENT ET SON INCIDENCE SUR LA CONDUITE DE LA CLASSE

Par son parti pris novateur (mais confirmé par les expérimentations) en ce qui concerne le développement de stratégies d'apprentissage, *Déclic* permet à l'enseignant de mettre en œuvre des techniques de conduite de classe centrées sur les apprenants, et ce (pour les enseignants qui ne sont pas toujours très familiers de ces pratiques) de manière progressive : il est bien sûr possible d'utiliser *Déclic* de manière « traditionnelle ».

Il faut s'entendre sur le mot « traditionnel », ce qui implique l'exposition des différentes approches de l'apprentissage[1] et, par conséquent, de la conception même de l'enseignement.

A. La capacité d'apprendre peut être vue comme une « mécanique d'enregistrement ». L'acquisition du savoir est donc perçue comme le résultat d'une transmission, et le rôle de l'enseignant (c'est-à-dire le maître) est d'exposer et expliquer clairement, montrer avec conviction, répéter…

B. La théorie *behavioriste* ou *comportementaliste* propose un modèle d'apprentissage conçu comme un entraînement (acquisition de réflexes conditionnés ou automatismes) sur la base du couple *stimulus/réponse*. Ce sont les exercices structuraux dont le principe est repris dans les activités « À toi de parler ! » qui sont des *micro-conversations*.

C. La conception *constructiviste* puis *cognitiviste* attribue un rôle important à l'apprenant (c'est-à-dire l'élève) : à partir des travaux de Jean Piaget, s'est développée l'idée de la construction des savoirs grâce à l'activité mentale du sujet lorsqu'il doit effectuer une tâche ou résoudre un *problème*. Dans cette dernière conception, la *verbalisation* (ou processus d'expression des opérations logiques qui se développe surtout entre 11 et 15 ans, c'est-à-dire le « public » de *Déclic*) est un outil efficace d'apprentissage. En conséquence, les échanges entre élèves sont à privilégier, et ce d'autant plus dans l'enseignement des langues où la *communication* est à la fois un objectif et un moyen d'apprentissage.

Il ne s'agit évidemment pas d'opposer conflictuellement ces trois conceptions, ni d'en déclarer une ou deux caduques ! Selon le « public », sa culture, ses habitudes ; selon la situation et les conditions mêmes de l'apprentissage, selon le type de savoir à acquérir et selon le moment de l'apprentissage, l'une ou l'autre de ces conceptions sera choisie pour sa pertinence. Et l'on fera appel à l'une ou l'autre de ces conceptions plutôt qu'à une seule d'autant plus volontiers que le risque est grand, en matière d'enseignement, de susciter l'ennui[2] si l'on pratique toujours de la même manière.

Praticiens du FLE depuis de longues années, nous pensons cependant que la tendance de l'enseignement dit *traditionnel* est de pratiquer trop souvent et sans nécessité la conception **A** et éventuellement **B** au détriment de la conception **C**.

---

1. D'après André Giordan, Université de Genève.
2. Surtout chez les jeunes de l'âge de notre public, qui fait partie de ce que certains ont appelé la « zap-génération », génération de ceux qui appuient sans cesse sur la télécommande de leur télévision dès qu'un programme commence à les ennuyer.

PRINCIPES D'ANIMATION

■ LE « CADRE » DIDACTIQUE DE *DÉCLIC*

Chaque unité de *Déclic* propose des « moments » correspondant aux grandes phases identifiées de l'apprentissage.
- La compréhension des « textes » déclencheurs de la double page, qui constitue l'ouverture de chaque unité. C'est l'occasion d'un entraînement à la compréhension globale : perception de la situation, des enchaînements, des intentions pour accéder ce que les spécialistes appellent le « sens pragmatique » (Qui parle ? À qui ? Avec quelles intentions ? Pourquoi est-ce qu'il dit cela maintenant ?). Ce travail d'inférence[3] s'appuie sur un travail de reconnaissance des éléments linguistiques, et de repérage des nouveautés linguistiques objets de la leçon.
- L'exploration des outils grammaticaux, linguistiques et socio-linguistiques dans les « Je t'explique... »
- L'acquisition et systématisation dans les « À toi de parler ! »
- L'appropriation (réemplois d'abord guidés puis « spontanés », expression « libre ») dans les « À toi de jouer ! »
- La vérification des acquisitions et des compétences dans les pages *Civilisation*, dans l'histoire suivie *Mémo* et les autres textes de lecture, dans les activités complémentaires du *Cahier d'exercices*, dans les pages *Évaluation* et *Préparation au DELF* (intéressantes, on s'en doute, même pour des élèves qui n'ont pas l'intention de passer les épreuves du DELF).

Déclic privilégie, on le constatera, l'interaction (échanges entre élèves) plutôt que le classique « échange de classe » (une question est posée à qui voudra bien la saisir, ce qui crée plus une illusion de participation, le plus grand nombre restant coi).
La méthode privilégie encore l'interaction pour l'apprentissage de la grammaire : c'est une grammaire en actes.
La méthode privilégie également l'interaction en lien avec le *sens* : des interactions où il faut faire varier – donc réfléchir au sens. De simples dramatisations on passe à des simulations puis à des interactions où chacun ne connaît pas à l'avance le rôle de son partenaire et se trouve donc dans une situation proche d'une situation réelle (le vrai jeu de rôle).

■ LE DÉROULEMENT D'UNE UNITÉ : DÉROULEMENT LINÉAIRE

La manière qui paraît la plus évidente de faire travailler une unité est de suivre les phases dans l'ordre où elles sont dans le manuel. Cet ordre a été choisi pour des raisons de clarté de présentation et de mise en page, mais il n'est peut-être pas toujours le plus pertinent pour la conduite de la classe. Nous examinerons cette manière de travailler, puis en envisagerons quelques autres.

---

3. L'inférence est l'opération mentale qui permet, dans le cas qui nous occupe, de déduire du sens de tous les éléments dont on dispose pour comprendre : situation évoquée par les images, succession des conversations et des répliques, gestes, intonations, etc.

PRINCIPES D'ANIMATION

1. Le travail sur les ouvertures (les deux premières pages de chaque unité)

Pour les conversations (unités « Tu » et « Vous »)

▶▶ **a.** Une ou deux écoutes aveugles (livre fermé) de l'ensemble des ouvertures
Il est en effet normal, dans une perspective communicative, que des dialogues soient d'abord entendus plutôt que lus.
Si on peut réaliser des transparents reprenant les illustrations (sans les textes) des deux pages, ils peuvent utilement être montrés, par exemple après la première écoute.

▶▶ **b.** Échange sur ce qui a été entendu
Bien plus fructueuse que l'habituel échange de classe, l'habitude de noter quelques questions de compréhension au tableau puis de demander aux élèves de réfléchir ensemble (à deux ou trois) aux réponses à y apporter permet de rendre le plus grand nombre possible d'élèves actifs.

Pour les récits et textes informatifs des unités « Ils »

a'. Observation des illustrations et de documents complémentaires (photos, cartes, affiches que le professeur peut apporter) en lien avec le thème de l'unité, et échange. Les unités « Ils » devant permettre de développer le discours de la description et de l'information (parler de…), il est important d'éveiller la curiosité des élèves. Là aussi, un premier et rapide échange entre élèves par deux ou trois préparera une mise en commun par l'ensemble de la classe.

b'. Lecture silencieuse puis échange sur ce qui a été lu
Lecture silencieuse car il s'agit ici d'entraîner les élèves à la découverte d'un texte écrit (travail de compréhension de l'écrit), pas d'un texte lu à haute voix.
Échange entre élèves comme pour les « textes » oraux.

Enseigner à comprendre, c'est donner aux élèves l'occasion de chercher à donner du sens à des « textes » qui ne leur sont pas encore immédiatement accessibles. L'erreur souvent commise en pédagogie des langues est de penser que l'élève ne peut comprendre que ce qu'on lui a déjà appris ou expliqué. Moyennant quoi on a des élèves passifs, qui attendent l'explication du professeur sans chercher par eux-mêmes. L'apprentissage de l'autonomie (« Je peux me débrouiller sans le professeur ») passe par une autre démarche. C'est celle que nous proposons avec cet échange entre élèves, échange qui a un autre avantage : les manières d'inférer et de prendre des indices dans un « texte » peuvent s'enrichir lorsqu'un élève remarque qu'un autre a compris ce qu'il n'avait pas compris lui-même, et lorsqu'il découvre comment il a fait pour le comprendre.

▶▶ **c.** Travail de compréhension plus fine, livre ouvert, en s'appuyant sur les illustrations et au cours duquel on explique rapidement à mesure qu'elles apparaissent les nouveautés de l'unité.
Pour les unités « Ils », ce n'est qu'en fin de travail qu'on pourra faire écouter, si on le juge utile, l'enregistrement des textes (ces enregistrements ont été réalisés à la demande de professeurs désireux de disposer de « modèles de diction ». D'un point de vue communicatif, ils ne se justifient pas : un texte écrit est généralement fait pour être lu, beaucoup plus rarement pour être entendu).

▶▶ **d.** « Remémoration » des conversations
(Pour les unités en « Vous » – histoire policière en bande dessinée –, avant cette phase, nouvelle écoute de l'ensemble, livre ouvert, en suivant la bande dessinée.)

PRINCIPES D'ANIMATION

Apprendre une langue, c'est chercher à comprendre les « textes » qui nous sont proposés (activité de compréhension) et mémoriser ce qui servira à parler/écrire (activités de production).

Le travail à faire dans cette phase est un travail de « remémoration » : s'entraîner à se souvenir non plus seulement de ce qui a été dit (du sens, dont on se souvient généralement assez bien) mais du « comment cela a été dit ». Pour éviter la fastidieuse répétition, mettre les élèves en groupes de trois ou quatre (autant que de personnages, un « souffleur » en plus) et leur demander de reconstituer la conversation de mémoire. Seul le « souffleur » a le livre ouvert.

2. « Écoute ! »

▶▶ Écoute (livre fermé) puis répétition par le plus grand nombre possible d'élèves

Ne pas hésiter à écouter très souvent le CD, pour éviter que le modèle « se détériore » à mesure qu'il est répété par les élèves.

Si les conditions matérielles le permettent, un travail par petits groupes autour de plusieurs magnétophones permettra plus de répétitions. Dans ce cas, le travail d'écoute des « ouvertures » (phase 1) pourra aussi se faire en groupes.

3. « Je t'explique… »

▶▶ Compréhension collective suivie immédiatement des activités « À toi de parler ! » correspondantes

Même si nous présentons dans un premier temps une manière de travailler linéaire en suivant le manuel, nous ne pensons pas possible de travailler successivement sur tous les items des « Je t'explique… », d'une part parce que le moment consacré à la réflexion grammaticale serait trop long, d'autre part parce que nous proposons une « grammaire en actes », et que différer la mise en acte que constituent les « À toi de parler ! » ne serait pas profitable à un bon apprentissage. Nous proposerons plus loin une autre manière, non linéaire et plus efficace (à notre avis et d'après notre expérience) de travailler sur les « Je t'explique… » et les « À toi de parler ! ».

4. « À toi de parler ! »

▶▶ Écoute de la micro-conversation et répétition pour s'imprégner de l'intonation

L'intonation est importante car elle est au service du sens : elle aide les élèves à rester sensibles au sens de ce qu'ils disent, elle leur permet de mémoriser des structures sans les dissocier de l'intonation. De la même manière, on incitera les élèves à faire les gestes et les mimiques qui correspondent à ce qu'ils disent, parce que parler une langue étrangère, du moins au début, c'est jouer un rôle. Ils s'engageront ainsi corporellement, et l'appropriation en sera renforcée.

▶▶ Travail par groupes de deux (plus rarement trois, selon indication spéciale dans le manuel)

Les « À toi de parler ! » sont la phase d'acquisition des automatismes (conception béhavioriste de l'apprentissage, voir plus haut le paragraphe *La conception de l'enseignement et son incidence sur la conduite de sa classe de français,* p. 10). Il s'agit ici de mettre la grammaire en actes en la pratiquant de manière systématique pour acquérir des réflexes. On ne peut en effet pas parler si on doit, en même temps qu'on parle, réfléchir consciemment à toutes les règles à mettre en œuvre. C'est pourquoi nous pensons que l'on ne peut pas apprendre à parler une langue en faisant des exercices écrits. Ces exercices

PRINCIPES D'ANIMATION

écrits peuvent ouvrir la réflexion dans une activité de type *situation-problème* ou renforcer l'apprentissage mais ils ne peuvent pas suffire.

Chaque élève prend un rôle dans la micro-conversation et les deux jouent cette micro-conversation en faisant varier le modèle en fonction des « stimuli » proposés.

Exemple : « À toi de parler ! » 1 de l'unité 2 (p. 10)

1. Tu es français ?	
— *Tu es français(e) ?*	*français(e)* → *anglais(e), espagnol(e)…*
— *Non, je suis italien(ne)*	*italien* → *allemand, américain…*
— *Tu parles français ?*	
— *Oui, un peu.*	

1) L'élève A commence en faisant varier *français* et en accordant l'adjectif selon le sexe de son partenaire :
A – *Tu es anglais(e) ? B. – Non, je suis allemand(e). A. – Tu parles français ! B. – Oui, un peu.*
2) Cette fois c'est l'élève B qui commence :
B. – *Tu es espagnol(e) ? A. – Non, je suis américain(e). B. – Tu parles français ! A. – Oui, un peu.*
L'exercice se poursuit avec d'autres nationalités (inciter les élèves à poursuivre l'exercice en proposant d'autres stimuli).

▶▶ **Éviter que les élèves « s'endorment »**

Le risque avec ce type d'exercice est que les élèves s'endorment, c'est-à-dire fassent l'exercice mécaniquement sans plus faire attention au sens de ce qu'ils disent[4]. C'est pourquoi beaucoup d'exercices que nous proposons sont plus compliqués qu'il n'y paraît.

Exemple : « À toi de parler ! » 2 de l'unité 2 (p. 10)

Tu es française ?	
— *Tu es français(e) ?*	*français/française* → *anglais/anglaise…*
— *Non, je suis mexicain(e).*	*mexicain/mexicaine* → *vénézuélien(ne)/ brésilien(ne)…*
— *Ah ? Alors tu parles espagnol ?*	
— *Oui, bien sûr.*	*espagnol* → *anglais, allemand, portugais*
— *Et tu parles français !*	
— *Oui, un peu.*	

L'exercice se déroule comme page précédente, mais les élèves doivent faire attention aux stimuli et réfléchir à quelles langues on parle dans quels pays pour aboutir à des conversations comme :

— *Tu es français(e) ?*   — *Tu es mexicain(e) ?*
— *Non, je suis américain(e).*   — *Non, je suis brésilien(e).*
— *Ah ? Alors tu parles anglais ?*   — *Ah ? Alors tu parles portugais ?*
— *Oui, bien sûr…*   — *Oui, bien sûr…*
Idem avec *autrichien/tu parles allemand, vénézuélien/tu parles espagnol…*

---

4. C'est l'écueil des exercices de laboratoire de langue.
Certaines activités correspondent donc aux « À toi de parler ! », d'autres davantage aux « À toi de jouer ! » du *Livre de l'élève*. Ce sont les premières qu'il faut faire à cette phase (voir aussi *Deux manières d'utiliser le Cahier d'exercices*, p. 16).

PRINCIPES D'ANIMATION

Dès les premières activités de ce type, le professeur devra alerter les élèves et **exiger des conversations correctes non seulement sur le plan grammatical, mais aussi sur celui du sens.** Ainsi on n'acceptera pas des enchaînements illogiques comme :
— *Non, je suis espagnol.*
— *Ah ? Alors tu parles italien ?*

▶▶ Favoriser la mémorisation
Un des objectifs étant la mémorisation, on peut demander aux élèves, après un moment, de continuer à travailler sans regarder la conversation-modèle. Si on le peut, l'idéal est de montrer la conversation sur transparent, et de la cacher progressivement (avec une bande de papier de plus en plus large par exemple).

▶▶ Évaluation de l'activité
Le professeur, pendant le déroulement, est passé parmi les groupes pour écouter et remédier aux défaillances. Mais les élèves, après une activité de groupe, surtout si le professeur n'a pas pu écouter leur propre groupe, ont besoin de savoir si ce qu'ils ont fait est « juste ».
Le professeur désignera donc successivement quelques groupes (choisis parmi ceux qu'il n'a pas pu écouter) et leur demandera de jouer une conversation devant toute la classe (avec ou non la conversation-modèle sous les yeux, selon l'importance donnée à la mémorisation).

5. Premiers exercices du *Cahier d'exercices*

Ce peut être maintenant le bon moment pour faire faire les premiers exercices du *Cahier d'exercices*, en classe ou à la maison selon le type d'activité et selon le temps dont on dispose.
Les activités sont présentées selon une progression « communicative » : des plus systématiques (exercices écrits de grammaire ou de repérage pour les exercices d'écoute) aux plus « ouverts » : jeux de rôles et autres jeux, écoute et compréhension globale, etc.
Certaines activités correspondent donc aux « À toi de parler ! », d'autres davantage aux « À toi de jouer ! » du *Livre de l'élève*. Ce sont les premières qu'il faut faire à cette phase (voir aussi « Deux manières d'utiliser le *Cahier d'exercices* », p. 17).

6. « À toi de jouer ! »

Là aussi, les activités sont présentées selon une progression « communicative ». On commence par des exercices de repérage auditif, des puzzles, des « textes » à compléter ; on continue par des conversations parallèles à un modèle présenté, d'autres conversations dont on donne le début et la fin et dont il faut trouver les répliques qui manquent ; on termine par des activités de libre expression (commentaire d'images) ou d'expression spontanée comme les jeux de rôle.
Il n'est pas possible de décrire ici dans le détail les principes d'animation pour chacun des types d'activités, on trouvera dans la partie suivante, au fil des unités, des idées d'exploitations détaillées, qui pourront être reprises pour les autres unités.
Voir le paragraphe *Où trouver dans ce guide des exemples de différentes manières de travailler ?*, p. 17.

7. Les dernières activités du *Cahier d'exercices*

Là encore, selon le temps dont on dispose et selon le type d'activités, travail à faire en classe ou à la maison. Ces activités et la manière dont on les met en œuvre peuvent servir à réguler, si on le souhaite, le temps passé sur chaque unité.

PRINCIPES D'ANIMATION

■ LE DÉROULEMENT D'UNE UNITÉ : DÉROULEMENTS PLUS CONFORMES À CE QU'ON SAIT DES APPRENTISSAGES

S'il nous a paru plus simple, pour la clarté de la présentation, de commencer par le déroulement linéaire, nous souhaiterions maintenant vous inciter à adopter d'autres déroulements, mieux adaptés aux réalités de l'apprentissage, et à vous faire vous même votre propre parcours selon votre propre expérience.

1. Ne pas présenter toutes les ouvertures en même temps : parcours « de découverte »

Le déroulement linéaire a certes son efficacité, mais il a l'inconvénient de proposer aux élèves de longs moments d'activités de même type, ce qui risque fort de susciter l'ennui. Les propositions qui suivent évitent cela en rendant plus fréquents les changements de types d'activités.

▶▶ **a et b.** Phases identiques aux phases a et a', b et b' du déroulement linéaire (décrit p. 11 et suivantes).
Il s'agit de la découverte (écoute ou lecture) de l'ensemble des ouvertures suivie d'un échange (voir le détail ci-dessus, p. 12).

▶▶ **c.** Explication fine de la première ouverture et, si l'ouverture introduit une nouveauté.
• Découverte du « Je t'explique… » correspondant.
L'ouverture ayant pour but de faire découvrir ce qui est à apprendre, d'éveiller l'attention et de susciter la curiosité, il est dommage de laisser retomber cette attention en continuant la découverte des ouvertures.
• Puis travail du ou des « À toi de parler ! » correspondants.
Comme 4, p. 13.

▶▶ **d.** Si l'activité le permet, travail du « À toi de jouer ! » qui fait pratiquer cette nouveauté.
NB : ce moment n'est pas toujours possible, les « À toi de jouer ! » faisant souvent retravailler en même temps, en les combinant, plusieurs des nouveautés introduites dans l'unité.

▶▶ **e.** Retour à l'ouverture suivante, jusqu'à rencontre d'une autre nouveauté, etc.
On retrouve ainsi les mêmes phases que dans le déroulement linéaire, mais focalisées sur une seule nouveauté à la fois, ce qui rend le travail beaucoup plus clair pour les élèves, plus motivant et moins ennuyeux parce que plus varié.

2. Ne pas commencer par l'explication, mais laisser les élèves découvrir ce dont ils ont besoin : parcours « cognitifs »

▶▶ **a.** Laisser les élèves découvrir sans le professeur (en groupes) les ouvertures en les invitant à découvrir eux-mêmes ce qu'ils ont à apprendre.
On évite ainsi de commencer à expliquer quelque chose à des élèves qui n'ont pas encore eu le temps de découvrir qu'il y avait quelque chose à comprendre, et qui ne sont donc pas encore posé la question à laquelle le professeur répond déjà. On évite aussi d'expliquer ce qui n'a pas besoin d'être expliqué.

▶▶ **b.** Ne pas expliquer les « Je t'explique… » : à toi de parler d'abord !
Les tenants de la conception C[5] de l'enseignement reprochent aux professeurs de se placer trop souvent en « écran » entre le savoir à acquérir et l'élève. En

---
5. Voir le premier paragraphe des *Principes d'animation*, p. 12.

PRINCIPES D'ANIMATION

voulant expliquer on risque de faire obstacle. On a dit encore : « Le problème, ce n'est pas que le professeur explique mal, c'est qu'il explique. »
Une solution peut être alors de demander aux élèves, par groupes de deux, de jouer une micro-conversation (« À toi de parler ! ») en s'aidant, s'ils en ont besoin, du « Je t'explique… » correspondant. À eux de discuter entre eux, pour confronter leurs manières de comprendre, en vue de mener à bien le « À toi de parler ! » qui devient alors une véritable *tâche*[6].
Cette manière de travailler, à pratiquer très souvent si la classe est peu nombreuse, est particulièrement adaptée aux tableaux d'actes de parole qui figurent dans les « Je t'explique… ». Voir un exemple de travail de ce type pour l'unité 10 p. 47 de ce guide.

▶▶ **c. À toi de jouer d'abord !**
Dans cette perspective de tâche à mener à bien, de situation-problème devant laquelle les élèves doivent apprendre à se débrouiller (apprentissage de l'autonomie), on peut encore aller plus loin : demander aux élèves de faire en groupe une activité « À toi de jouer ! » qui leur fera découvrir ce qu'ils ont à apprendre, et les inviter à remonter, s'ils en ont besoin, aux « À toi de parler ! » et aux « Je t'explique… » qui leur permettront ensuite de revenir avec succès à la tâche proposée par le « À toi de jouer ! » initial.

■ DEUX MANIÈRES D'UTILISER LE *CAHIER D'EXERCICES*

Le *Cahier d'exercices* peut être utilisé en vue d'un renforcement immédiat : quand un point a été abordé dans le manuel, il peut être repris par l'exercice qui lui correspond. On peut également décaler son utilisation, par exemple, faire faire les exercices d'une unité quand on travaille déjà sur l'unité suivante. Il s'agit alors d'un renforcement différé qui peut aider à une meilleure mémorisation en agissant comme un rappel.
La présence du CD dans chaque cahier permet de faire faire les exercices d'écoute en classe ou à la maison, selon le temps dont on dispose.

● **OÙ TROUVER DANS CE GUIDE DES EXEMPLES DE MANIÈRES DE TRAVAILLER ?**

Pages objectifs de séquence : p. 33
Ouvertures des unités « Ils » : p. 39
Ouvertures des unités « Tu » : p. 19
Ouvertures des unités « Vous » : p. 43
« *Je t'explique…* » *grammatical* : p. 19 et p. 25 (« Je t'explique… » 3)
« *Je t'explique…* » *conjugaison* : p. 27
« *Je t'explique…* » *actes de parole* : p. 46
« *À toi de parler !* » : p. 20
« *À toi de jouer !* » :
— *phrases-puzzles* : p. 28
— *reconstitution de conversation* : p. 20

— *sketch sur image et commentaire d'image* (« Qu'est-ce qu'ils peuvent dire ? » « Faites-les parler ») : p. 40
— *simulation* : p. 41
— *jeu de rôle* : p. 41 et p. 57
— *imaginez les répliques qui manquent* : p. 48 (« À toi de jouer ! » 3)
— *travail d'expression écrite sur document* : p. 43 (« À toi de jouer ! » 6)
Travail de groupe sur un texte : p. 49
Évaluation de l'expression orale : p. 51

---

6. Au sens où l'emploie le Cadre européen commun de référence.

Séquence 1

Unité 1 (p. 6-7)

☞ C'est parti !

TYPE DE LEÇON : ILS
Objectifs : Prendre contact avec le français, avec la classe de français, découvrir la France.
Unité de deux pages seulement.
C'est ce qu'on appelle parfois la « leçon 0 », c'est aussi l'occasion pour les élèves de découvrir les manières de travailler. Pour toutes ces activités, donner l'habitude aux élèves de confronter par deux ou trois leurs résultats avant la « validation » par le professeur. Une classe de langue est une classe de communication : les élèves doivent apprendre à échanger, progressivement ils le feront en français.

Faire comprendre le titre de l'unité comme une expression toute faite, équivalente de « On y va ! », « En route ! », « On commence », « Allons-y ! ».

■ ACTIVITÉ 1

> *Transcription de l'enregistrement*
> *Un téléphone, un sandwich, un taxi, un chocolat, un café, un journal, une bière, une table un tee-shirt.*

Il s'agit ici de constater que même quand on ne parle pas le français, on peut reconnaître certains mots, certains parce qu'ils sont internationaux, d'autres grâce aux transparences entre certaines langues. Les élèves pourront montrer successivement les numéros correspondant à ce qu'ils ont entendu, ou, mieux, noter successivement les numéros dans l'ordre des noms qu'ils ont entendus : 2, 6, 1, 8, 7, 4, 5, 9, 3. (Faire écouter plusieurs fois.)

■ ACTIVITÉ 2

> *Transcription de l'enregistrement*
> *La France, une photographie, fantastique, le cinéma, un ingénieur, un journaliste, un passeport, une idée, un spécialiste, un euro, un virus, un taxi, un hôtel, la radio, la télévision.*

Même objectif que l'activité précédente. Les élèves noteront puis traduiront les 15 mots entendus. (Faire écouter plusieurs fois.)

■ ACTIVITÉ 3

Même objectif que l'activité précédente, mais cette fois, les élèves découvriront les mots par la lecture, non par l'écoute.

■ ACTIVITÉ 4

La page dite « deuxième de couverture » servira de temps en temps pour situer certains éléments de la géographie de la France. Il s'agit ici d'habituer les élèves à s'y reporter.

■ ACTIVITÉ 5

> *Transcription de l'enregistrement*
> *Écoutez ! Bonjour ! Au revoir ! Merci ! Vous comprenez ? Je ne comprends pas. Regardez ! Répétez ! Répondez ! Écrivez ! Jouez à deux ! Encore une fois ! S'il vous plaît.*

Découverte et première utilisation des expressions utiles de la classe.
Demander aux élèves de pointer avec leur stylo l'expression qu'ils entendent.
Expliquer et faire répéter les expressions qu'ils auront à utiliser.
→ Faire faire les exercices du *Cahier d'exercices* p. 4 et 5. (Corrigés à la fin de ce guide)

Unité 2 *(p. 8 à 11)*

●→◉ Tu parles français ?

TYPE DE LEÇON : TU

Objectifs : Prendre contact (premiers contacts). Demander et donner des informations sur les nationalités. Informer et s'informer sur les compétences linguistiques.
Rappel : les nouveautés lexicales sont répertoriées dans le *Cahier d'exercices*, en début d'unité.

■ OUVERTURE

Faire écouter d'abord une fois l'enregistrement de l'ouverture sans regarder le livre, puis nouvelle écoute en regardant les illustrations.

• **Perception de la situation**
C'est une phase importante qui permet aux élèves de situer les éléments langagiers dans leur situation de communication. Elle n'est donc pas à négliger et on est souvent surpris de constater que ce qui semblait évident ne l'est pas toujours pour les élèves.
Ici, il s'agit d'un Festival européen des jeunes (attirer l'attention sur le drapeau européen sur le tee-shirt du personnage des images 2 et 4) comme il y en a dans le contexte de l'Europe actuelle.

• **Explication**
Écoute de chacune des conversations en regardant les dessins qui correspondent. Chaque conversation comprise sera jouée par quelques élèves. « On y va ! » sera appris comme une expression toute faite (pas question à ce niveau d'expliquer le pronom y).

■ « ÉCOUTE »

Faire exagérer si nécessaire les intonations montantes et descendantes et au besoin faire accompagner la répétition d'un geste de la main, montant ou descendant. Insister sur le fait que l'intonation seule permet de distinguer, pour certaines phrases, s'il s'agit d'une question ou d'une affirmation.
En revanche on évitera de faire exagérer les finales des adjectifs de nationalité : les faire répéter avec une intonation naturelle.

■ « JE T'EXPLIQUE… »

On fera mémoriser et jouer les deux premiers. Les deux suivants, grammaticaux (« Je suis français » pour la formation des adjectifs de nationalité et « Je suis française » pour l'accord de ces adjectifs au féminin), serviront de « réservoir » pour les micro-conversations des « À toi de parler ! » qui suivent, c'est-à-dire que c'est là que les élèves trouveront les stimuli pour compléter ceux qui sont proposés.
On n'expliquera que les adjectifs qui ne sont pas transparents, ou mieux, on attendra les questions des élèves à mesure qu'ils font l'activité suivante.
→ Après le troisième « Je t'explique ! », faire faire immédiatement l'exercice d'écoute C du *Cahier d'exercices* (distinction masculin/féminin).
Photos : le joueur de football brésilien est Ronaldo, la coureuse américaine est Marion Jones.

Séquence 1

■ « À TOI DE PARLER ! »

Ces deux micro-conversations sont prises en exemple pour illustrer les principes d'animation p. 13. Après l'écoute du modèle enregistré, le professeur pourra jouer une micro-conversation avec un élève, au début, en montrant comment il fait varier le modèle en fonction des stimuli pour que les élèves comprennent bien comment ça marche. Pour cette première fois il peut être utile de recopier le premier « À toi de parler ! » au tableau (ou sur transparent) pour que les élèves comprennent bien le principe du remplacement de certains éléments du modèle par les stimuli proposés, puis par d'autres trouvés par eux-mêmes, qui sont le principe de cet exercice qu'ils retrouveront tout au long de *Déclic*.

■ « À TOI DE JOUER ! »

1. Nationalités

> ◉▶ *Transcription de l'enregistrement*
>
> 1. Tu es française ? 2. Tu es suisse ? 3. Tu es américaine ? 4. Tu es belge ?
> 5. Tu es grec(que) ? 6. Tu es mexicaine ? 7. Tu es danois ? 8. Tu es portugais?

Exercice d'écoute : faire écouter deux fois de suite l'enregistrement après avoir vérifié que la consigne est bien comprise.

On pourra constater que la progression est assez lente au début de *Déclic* : les nouveautés sont relativement peu nombreuses. C'est que les premières unités doivent permettre aussi d'apprendre à travailler, après quoi on pourra consacrer plus d'énergie à l'apprentissage de davantage de nouveautés.

2. Reconstituez la conversation, puis écoutez-la, puis jouez-la.

> ◉▶ *Transcription de l'enregistrement (solution du puzzle)*
>
> – Toi, tu es allemand, non ?
> – Non, je suis suisse.
> – Suisse ? Et tu parles français ?
> – Oui, français, allemand et italien.
> – Ah ! Moi, je parle un peu italien.
> – Et allemand ?
> – Non.

C'est un type d'activité que les élèves retrouveront souvent. Mettre les élèves par deux ou trois, leur expliquer qu'il s'agit d'un puzzle. Pour vérifier que leur solution est correcte, les élèves écouteront la solution puis ils devront la jouer à deux sans le texte sous les yeux.

L'avantage de cette pratique est d'amener les élèves à faire attention à ce qu'ils entendent non seulement pour comprendre, mais aussi pour mémoriser ce qu'ils ont entendu (c'est ainsi qu'on apprend une langue : en mémorisant les formes entendues ou lues).

Un autre mode d'exploitation sera également proposé pour ce type d'activité dans d'autres unités. La consigne est alors : « Reconstituez la conversation, puis jouez-la et écoutez-la. » L'objectif est différent. Dans un premier temps, pour vérifier que leur solution est correcte, les élèves jouent la conversation à deux (éventuellement le professeur peut faire jouer quelques « doublettes », ce sera très intéressant si des solutions différentes ont été trouvées). C'est dans un deuxième temps que les élèves écouteront l'enregistrement.

L'avantage ici est d'améliorer la qualité d'écoute. Les élèves qui écoutent leurs camarades auront envie de faire attention à ce qu'ils disent, pour comparer leur solution à la leur, et ils écouteront aussi plus attentivement l'enregistrement, pour voir s'ils « ont juste » comme disent les jeunes Français.

À vous de choisir l'une ou l'autre solution selon les objectifs que vous souhaiterez privilégier.

3. Contact

Travail par deux, puis écoute de quelques élèves par toute la classe.
Les élèves peuvent jouer leur propre rôle, puis prendre une identité fictive, imaginée ou proposée par le professeur sous forme de petite fiche. On peut aussi inverser l'ordre des activités : commencer par l'activité écrite, les productions des élèves sont ensuite redistribuées : chacun doit alors jouer un rôle correspondant à l'identité de celui qui a écrit le courriel[1] qu'il a sous les yeux.

> ### À PROPOS D'INTERNET
> Les élèves auront peut-être besoin de savoir comment on donne oralement une adresse Internet : @ se dit « arobase » (ou « arrobase », ou « arrobas », ou « arobas ») ou « at » ; - se dit « tiret » ; _ se dit « tiret en-dessous », . se dit « point » ;/se dit « barre oblique » ou « slash ».

4. Qu'est-ce qu'ils peuvent dire ?

Travail par deux, puis écoute de quelques élèves par toute la classe également pour cette production orale. Les élèves doivent imaginer ce que disent les personnages et le jouer (exiger gestes et intonations appropriés). Plus tard ils pourront aussi décrire ce qu'ils voient.

---

1. Nous utiliserons souvent l'écriture de courriels comme activité d'écriture. Les Français disent souvent « mail » (on écrit parfois écrire « mèl ») mais, selon les recommandations de l'Académie française, commencent aussi à imiter les Québécois qui préfèrent le terme « courriel ».

Séquence 1

Unité 3 *(p. 12 à 15)*

Salut !

TYPE DE LEÇON : TU

Deuxième unité de quatre pages, on s'achemine vers les six pages qui deviendront habituelles.
Objectifs : Prendre contact (2). Saluer/répondre à un salut ; demander/répondre comment on va. Remercier.
Une leçon légère en nouveautés, il s'agit là encore de découvrir et de s'habituer aux différentes manières de travailler.
Rappel : les nouveautés lexicales sont répertoriées dans le *Cahier d'exercices*, en début d'unité, les nouveautés en termes de grammaire et actes de parole figurent dans le tableau des contenus (début de ce guide et du *Livre de l'élève*).

■ OUVERTURE

Faire écouter d'abord une fois l'enregistrement de l'ouverture sans regarder le livre, puis nouvelle écoute en regardant les illustrations.

• **Perception de la situation**

Rencontre (apparemment ils avaient rendez-vous à cet endroit) de jeunes qui font une randonnée à VTT c'est-à-dire à vélo tout terrain. (Il existe aussi le VTC = Vélo Tout Chemin, plus proche du vélo de route, mais les Français disent le plus souvent VTT.) Le dessinateur a représenté des VTT que les jeunes préfèrent généralement.

• **Explication**

Écoute de chacune des conversations en regardant les dessins. Faire repérer à quels sexes correspondent les prénoms (Aurélie est un prénom féminin, Guillaume, Clément, Vincent, Mathieu, Antoine sont des prénoms masculins).
Faire jouer les conversations avec les gestes et les intonations.
« Tiens ! » marque ici la surprise de rencontrer quelqu'un (le montrer par la mimique) ou de découvrir quelque chose qu'on n'attendait pas.
« Salut ! » : expliquer que les élèves ne peuvent pas dire « Salut ! » à leur professeur.

> **TUTOIEMENT ET VOUVOIEMENT**
> Indépendamment des habitudes de chaque pays (les élèves vouvoient-ils ou tutoient-ils le professeur ?), nous conseillons aux professeurs de français de se faire vouvoyer. D'une part parce que les élèves vont se tutoyer entre eux, et que le professeur est donc la seule personne de la classe avec laquelle ils peuvent employer le « vous » indispensable en France lorsque deux adultes se rencontrent pour la première fois, ou lorsqu'un jeune parle à un adulte qu'il ne connaît pas. D'autre part parce qu'en vouvoyant leur professeur, les élèves pratiqueront une deuxième forme de conjugaison (vous prenez, vous devez, vous venez…) alors qu'en parlant en « je », « tu » et « il », ils ne pratiquent qu'une forme phonétique (je/tu/il prend(s), dois(t), viens(t)…).

■ « ÉCOUTE »

Faire exagérer si nécessaire les intonations montantes et descendantes de la première conversation, et insister sur l'intonation exclamative de la deuxième.

Selon la langue des apprenants, il pourra être intéressant d'opposer les voyelles finales [y] et [i] de « salut » et « Aurélie », bien placées pour une comparaison. Pour d'autres langues, il faudra exiger [saly] et non [salu], ni [salut] ou [salyt].

■ « JE T'EXPLIQUE… »

Ça va ?
À faire pratiquer à trois : un élève interroge, un répond oui, un répond non.

L'alphabet
Faire écouter et répéter. On apprendra vraiment à épeler à l'unité suivante. Ici, l'alphabet est un moyen de découvrir des prénoms français.
Les premiers prénoms pour chaque lettre, ainsi qu'Isabelle, Ursula, Yasmina et Zoé, sont féminins, les deuxièmes masculins, de même Quentin et Xavier.

■ « À TOI DE PARLER ! »

1. Tiens, salut !
Faire écouter la conversation-modèle, puis la rejouer à deux en variant les prénoms, l'idéal étant de faire des groupes d'une fille et un garçon. Sinon, faire alterner les rôles féminin et masculin. Utiliser le « Je t'explique ! » 2 pour varier les prénoms. Pour l'évaluation finale, on peut demander aux élèves d'utiliser leur propre prénom. Exiger le respect de l'intonation et les gestes.

2. Ça va ?
Les « smileys » permettront de faire comprendre qu'il faut varier les réponses. Exiger intonation et mimique correspondantes.

■ « À TOI DE JOUER ! »

1. Rencontre 1
Travail d'abord seul, puis confrontation par groupes de deux des résultats en jouant la conversation. « Évaluation » finale par le jeu de deux élèves devant la classe.

2. Rencontre 2

> *Transcription de l'enregistrement (solution du puzzle)*
> *– Salut, Léa./– Ah, tiens ! Salut, Arnaud./– Ça va bien ?/– Pas mal, et toi ?/*
> *– Moi, ça ne va pas.*

Double puzzle : d'abord puzzle de mots à l'intérieur de chaque réplique, puis reconstitution de la conversation.
Travail d'abord seul, puis confrontation par groupes de deux des résultats en jouant la conversation. Faire écouter ensuite la conversation, puis la faire rejouer plusieurs fois, livres fermés, éventuellement avec un élève qui, livre ouvert, joue le rôle du « souffleur » pour aider les mémoires défaillantes et permettre ainsi que le jeu soit suffisamment fluide.

3. Rencontre 3
Pour mieux impliquer les élèves, proposer un jeu dont les gagnants seront les équipes qui auront imaginé et joué devant les autres la plus longue conversation correspondant aux dessins (deux catégories : les groupes de deux et les groupes de trois). Les élèves ont un temps pour se préparer avant de jouer, sans notes sous les yeux.

4. Rencontre 4
Là aussi, imaginer un jeu pour désigner l'équipe qui a le mieux mémorisé la conversation (les autres en seront plus motivés pour écouter ceux qui jouent). On pourra aussi désigner l'équipe qui a la meilleure intonation, celle qui joue le mieux avec les gestes…

Séquence 1

Unité 4 *(p. 16 à 21)*

●→🎧 Je m'appelle Élodie

TYPE DE LEÇON : TU

Objectifs : Se présenter entre jeunes, dire comment on s'appelle (prénom et nom). Donner des informations sur sa provenance (nationalité/ville) et sur ses compétences linguistiques (demander/dire quelles langues on parle). Épeler.
Première unité de 6 pages.

■ OUVERTURE

Faire écouter d'abord une fois ou deux l'enregistrement de l'ouverture sans regarder le livre, puis nouvelle écoute en regardant les illustrations.

• **Perception de la situation**
Encore une rencontre entre jeunes, mais cette fois plus organisée, dans le cadre d'une journée internationale de la francophonie. À l'accueil, on a des listes d'inscrits, et on pointe les arrivants, puis on se salue et on se présente.

• **Explication**
Écoute de chacune des conversations en regardant les dessins.

• 💬 **Conversation 1**
À signaler qu'en principe en France on se présente généralement en donnant son prénom suivi de son nom, bien que l'habitude scolaire des listes par ordre alphabétique du nom incite parfois – surtout les jeunes – à donner leur nom suivi du prénom.

• 💬 **Conversation 2**
Introduction du savoir-faire « épeler, dire comment ça s'écrit » détaillé en « Je t'explique… ».

• 💬 **Conversation 3**
Introduction du savoir-faire « donner des informations sur sa provenance », repris en « Je t'explique… ».

> Ouanary est une ville de la Guyane française, département français d'outre-mer (973), entre le Surinam et le Brésil, et dont le chef-lieu (ville principale et centre administratif) est Cayenne. À Kourou se trouve la base de lancement des fusées européennes Ariane. Trois-Rivières est une ville du Québec, province francophone du Canada.
> Les élèves remarqueront sans doute l'emploi de « quoi ! », utilisé lorsqu'on donne une explication jugée évidente, et souligné ici par la similitude phonique avec la fin de « québécois ». Donner puis faire trouver d'autres exemples d'emploi de cette expression : « Je suis d'Italie, européen quoi ! » ; « Je suis de Berlin, allemand quoi ! », etc.

• 💬 **Conversation 4**
Introduction de la négation reprise en « Je t'explique ! » et du savoir-faire « demander/dire quelles langues on parle ».

■ « ÉCOUTE »

1. Deux conversations pour travailler une fois de plus l'intonation.
2. L'alphabet rangé cette fois selon un regroupement phonétique et non plus… alphabétique. Ce regroupement peut permettre de mieux mémoriser la façon de nommer une lettre et d'éviter les erreurs ou confusions dues aux langues maternelles (J/G, C/S, C/K, etc.)

■ « JE T'EXPLIQUE… »

1. Tu es d'où ?

À comprendre, l'élision du « e » : de → d' devant voyelle. Utiliser ce « Je t'explique » comme « réservoir » pour compléter les stimuli du « À toi de parler ! » 4.

2. Comment ça s'écrit en français ?

Signaler aux élèves qu'à l'étranger on a souvent besoin d'épeler son nom ou son adresse, et qu'il est utile de se faire épeler un mot qu'on ne connaît pas.
On peut compléter la liste avec : ¨ = *tréma*.
Lire à haute voix puis faire répéter les éléments (« e accent aigu », « e accent grave »,…) avant de faire jouer « À toi de parler ! »
→ Faire ensuite l'exercice d'écoute E du *Cahier d'exercices* (écrire ce que quelqu'un épelle).

3. Ne… pas

On aborde la négation. Faire le « À toi de parler ! » 5 sans explication, en demandant seulement de regarder ce « Je t'explique… » 5 dont on demandera ensuite de jouer la conversation en insistant sur l'intonation (agacement de la fille suggérée par le dessin).
→ Faire ensuite l'exercice d'écoute D du *Cahier d'exercices* (repérage de la négation).

■ « À TOI DE PARLER ! »

1. SOS !

La personne qui lit « sos » ne fait pas le lien avec le sigle « S.O.S », d'où sa question puis sa compréhension quand son interlocuteur a épelé le sigle. Les élèves joueront en montrant du doigt le sigle qu'ils veulent se faire épeler.

> ● **EN CAS DE QUESTIONS, SIGNIFICATION DE CES SIGLES**
> **SOS** : appel au secours[1] ; **ONU** : Organisation des Nations unies (souvent prononcé « onu », **UE** : Union européenne ; **USA** : États-Unis d'Amérique (United States of America) ; **TGV** : Train à grande vitesse ; **AFP** : Agence France Presse ; **ANPE** : Agence nationale pour l'emploi – s'occupe des gens qui cherchent du travail ; **HLM** : Habitation à loyer modéré, **RER** : Réseau express régional (certaine grandes lignes du métro parisien) ; **OMS** : Organisation mondiale de la santé ; **TVA** : Taxe à la valeur ajoutée, **OCDE** : Organisation de coopération et de développement économique, **SNCF** : Société nationale des chemins de fer français ; **KLM** : compagnie néerlandaise d'aviation ; **CFF** : Chemins de fer fédéraux (le train en Suisse) ; **STIB** : Société de transports intercommunaux à Bruxelles ; **SMS** : *short message system*, les Français disent aussi « texto » (message sur les téléphones portables).

---
[1]. On dit que la traduction de SOS par « save our souls » (sauvez nos âmes) est erronée.

Séquence 1

■ « À TOI DE JOUER ! »

1. Comment ?
Jeu sur la langue (les Français aiment ça). Les élèves doivent percevoir les similitudes phonétiques entre « Marcel Pagnol » et « espagnol », « Chantal Mandes » et « allemande », etc. On peut corser le jeu en ne donnant au tableau que les noms, à charge pour les élèves de deviner la nationalité. Ce principe de jeux de mots sera repris dans « À toi de jouer ! » 4.

2. Puzzle
(Voir page 25).
> ■ Solution : A. – Ça s'écrit comme ça se prononce, tu comprends ? – B. Je parle espagnol mais je ne suis pas espagnol. – C. Tu t'appelles Anglais ou tu parles anglais ?

Pour cette dernière phrase on fera remarquer l'importance de la majuscule pour distinguer « Anglais », nom propre, de l'adjectif « anglais ».

3. Rencontre
> ■ Solution : – Tu es Hans Krüger ?/– Pardon ?/– Tu ne t'appelles pas Hans Krüger ?/– Si, c'est ça : Hans Krüger./– Moi, je suis Annabella Bernardi/– Annabella ?/– Oui, avec deux « n » et deux « l », tu comprends ?

4. Conversation compliquée
> ●● *Transcription de l'enregistrement (solution du puzzle)*
> – Salut, je suis Norbert Giens./– Pardon ?/– Je suis Norbert Giens./Ah ? Tu es norvégien ?/– Mais non, je m'appelle Giens, Norbert Giens !/– Ah bon ? Moi, je suis Dan Noah.

Les élèves se rappelleront-ils les jeux de mot de « À toi de jouer » 1 et penseront-ils à rapprocher les sonorités de « Norbert Giens » de celles de « norvégien » ? De même, le nom « Dan Noah » les fera-t-il penser à « danois » ?

5. Festival européen des jeunes
Inciter les élèves, comme dans le modèle, à demander des précisons, feindre de ne pas comprendre.

6. J'épelle...
> ●● *Transcriptions*
> 1. – Je viens de Bouaké./– Pardon ? Vous pouvez épeler ?/– Oui, B, O, U, A, K, E accent aigu. 2. – Chicoutimi comment ?/– Chicoutimi-Jonquière, j'épelle : C, H, I, C, O, U, T, I, M, I, trait d'union, J, O, N, Q, U, I, E accent grave, R, E. 3. – Moi, je viens d'Auerstedt, ça s'écrit A-U-E-R-S-T-E-D-T. 4. – Montluçon ? M, O, N, T, L, U, C cédille, O, N. 5. – Moi je viens de Neufchâteau, une fois. / – Pardon ?/– Neufchâteau, N, E, U, F, C, H, A accent circonflexe, T, E, A, U.]

Bouaké : ville de Côte d'Ivoire ; Chicoutimi-Jonquières : ville du Québec ; Auerstedt et Neufchâteau : villes de Belgique (l'expression « une fois » est souvent employée par les Belges pour ponctuer leurs phrases) ; Montluçon : ville de France.

Unité 5 *(p. 22 à 27)*

☛ ① La valise grise (premier épisode)

TYPE DE LEÇON : VOUS

Objectifs : Saluer. Se présenter (entre adultes), dire comment on s'appelle (prénom et nom). Donner des informations sur sa provenance (nationalité/ lieu de résidence). Demander/dire quelle est son activité (profession ou occupation).

C'est la première unité « Vous » (interactions entre adultes ou avec des adultes).

■ OUVERTURE

Il s'agit du premier épisode d'une série qui en comporte cinq et à laquelle s'ajoute un épilogue (trois épisodes dans *Déclic 1*).
Faire écouter d'abord une fois ou deux l'enregistrement de l'ouverture sans regarder le livre, puis nouvelle écoute en regardant les illustrations.

• **Perception de la situation**

Une réception au cours de laquelle un personnage mystérieux (le Barbu) prend des photos discrètement à l'aide de son téléphone portable. Rentré chez lui, il récapitule les photos qu'il a prises en les visionnant sur son ordinateur. À noter que deux des photos qu'il a affichées au mur derrière lui sont celles de personnes (Antoine et Martine) dont le jeu en bas de la p. 22 est assez intrigant : pourquoi Martine dit-elle « *Oh là, là !* » ? On retrouvera ces personnages dans les autres épisodes et on constatera qu'ils mènent un double jeu. En effet ils se connaissent très bien, mais en public, ils feignent le contraire, jeu auquel Antoine prend un malin plaisir, à la grande frayeur de Martine.

• **Explication**

En s'appuyant sur le texte et les images. Proposer un repérage de tous les personnages (on peut faire un tableau : desquels connaît-on le nom, le prénom, la profession, la résidence, la nationalité ? Lesquels se disent « tu », lesquels « vous » ? C'est en effet l'occasion d'aborder le tutoiement et le vouvoiement présentés dans les deux derniers « Je t'explique… »

■ « ÉCOUTE »

Opposition [y] et [u] et élision du « e » en français familier.

■ « JE T'EXPLIQUE… »

1. Conjugaison

Il y en aura assez peu dans les unités : montrer aux élèves qu'ils doivent se reporter au *Mémento* en fin de manuel (leur expliquer le fonctionnement, voir p. 70). À faire mémoriser.
➞ Faire ensuite l'exercice d'écoute C du *Cahier d'exercices* (distinction être/faire).

2. Les professions et les activités sont l'occasion de découvrir les marques du féminin et du pluriel.
« Réservoir » pour « À toi de parler ! » 1.
➞ Faire ensuite l'exercice d'écoute B du *Cahier d'exercices* (repérage des différences singulier/pluriel).

Séquence 1

3. Deux conversations parallèles en « tu » puis en « vous », à faire jouer en insistant sur la manière de s'exprimer (plus relâchée, comme dans « Écoute ! » pour « tu », plus soignée pour « vous »).

4. Pour saluer
Indiquer que « salut ! » n'est pas possible quand on vouvoie.
→ Faire ensuite l'exercice d'écoute J du *Cahier d'exercices* (distinction tu/vous).

« À TOI DE PARLER ! »

1. Vous êtes journaliste ?
L'idéal est de mettre ensemble un garçon et une fille. Sinon, faire alterner les rôles féminin et masculin. Utiliser le « réservoir » du « Je t'explique… » 2.

2. et 3. Patrick Bruel et Romane Bohringer existent réellement.
On peut terminer ces deux activités en demandant aux élèves de jouer une conversation entre les deux vedettes, sur le modèle de la deuxième conversation du « Je t'explique… » 3.

« À TOI DE JOUER ! »

1. Puzzle
Activité individuelle avant une confrontation à deux ou trois élèves. Si les confrontations donnent lieu à débat, bien faire justifier les choix, qui mettront en évidence, pour les élèves qui n'y ont peut-être pas fait attention, la ponctuation, les majuscules, les accords.

■ SOLUTION : A. Elle est américaine, mais elle parle bien français. B. Vous êtes architecte et vous habitez à Biarritz, c'est ça ? C. Elle est collégienne et elle s'appelle Diane. D. Toi tu es étrangère, mais tu parles aussi très bien français.

2. Elle dit « tu » ou « vous » à ces personnes ?
Activité individuelle avant une confrontation à deux ou trois élèves. Si les confrontations donnent lieu à débat, faire réécouter avant la « correction » collective.

> ☞ *Transcription de l'enregistrement*
> *1. Bonjour, Madame. – 2. Qu'est-ce que tu fais ? – 3. Ça va et toi ? – 4. Oui, mademoiselle. – 5. Comment ça va ? – 6. Vous êtes d'où ? – 7 Tu habites où ? – 8. Merci, monsieur.*

■ SOLUTION : 1. vous. 2. tu. 3. tu. 4. vous. 5. tu ou vous. 6. vous. 7. tu. 8. vous.

3. Puzzle
On peut aussi faire jouer à deux avant l'écoute

> ☞ *Transcription de l'enregistrement (solution du puzzle)*
> *— Bonjour, monsieur !*
> *— Ça va, ça va, et vous ? Vous allez bien ?*
> *— Ah, tiens ! Madame Germain ! Comment allez-vous ?*
> *— Bien, merci.*

Pour les autres conversations, imposez aux équipes une conversation en « tu » ou « vous », puis alternez « tu » et « vous » lorsque vous demandez aux équipes de jouer leur conversation devant les autres.

4. Qui dit quoi ?
■ SOLUTION : A → 5. B → 1. C → 2. D → 3. E → 4.

5. Présentez-les
Activité à faire préparer à deux ou trois. Pour mieux impliquer les élèves, proposer un jeu dont les gagnants seront les équipes qui auront imaginé et joué devant les autres la présentation la plus longue et la plus intéressante correspondant aux dessins.

6. Identité

> 👂 *Transcription de l'enregistrement (une solution possible)*
> — Nom ? Prénom ?
> — Je m'appelle Antoine Médessein.
> — Vous vous appelez Médecin, Antoine.
> — C'est ça.
> — Ça s'écrit comment ? Comme « médecin » ?
> — Mais non, ça s'écrit M. E accent aigu. D E deux S E I N.
> — Ah bon, Médessein ?
> — C'est ça.
> — Et vous habitez où ?
> — Limoges : 21, rue de la République.
> — Très bien. Merci, Monsieur Médessein

7. Présentation sur Internet

Cette activité d'écriture est un « logorallye » : il faut utiliser au moins une fois chacun des mots de la liste proposée. Exemple : *Bonjour, je m'appelle Hans Krüger, j'habite à Bonn, je vais bien. Je comprends l'italien, et je parle français, mais pas très bien.*

> ● **À PROPOS D'INTERNET**
> Les élèves auront peut-être besoin de savoir comment on donne oralement une adresse Internet : @ se dit « arobase » (ou « arrobase », ou « arrobas », ou « arobas ») ou « at » ; – se dit « tiret » ; _ se dit « tiret en-dessous », . se dit « point » ;/ se dit « barre oblique » ou « slash ».

Séquence 1

Civilisation *(p. 28-29)*

Le jeu des questions

Le titre et la photo d'un jeu télévisé (« Questions pour un champion », qui passe sur France 3 mais aussi sur TV5 que les élèves ont peut-être déjà regardée) doivent inciter les élèves à aborder cette page comme un jeu, une pause après les cinq unités (nous sommes à la fin de la première séquence).

■ DES FRANÇAIS CÉLÈBRES

Marie Curie (1867-1934), n° 3 : physicienne d'origine polonaise – Maria Sklodowska ; travaux sur la radioactivité et le radium ; prix Nobel de physique avec son mari Pierre Curie et Henri Becquerel en 1903 ; prix Nobel de chimie en 1911.
La Fayette (1757-1834), n° 4 : homme politique et général qui prit part à la guerre d'indépendance des États-Unis, du côté des insurgés.
Voltaire (1694-1778), n° 2 : écrivain, connu pour ses idées philosophiques.
Victor Hugo (1802-1885), n° 5 : poète et écrivain encore très connu pour ses romans, dont *Les Misérables*.
Hector Berlioz (1803-1869), n° 1 : compositeur de la *La Symphonie fantastique*, de *Roméo et Juliette*, etc.

> *Transcription de l'enregistrement*
> *Marie Curie (1867-1934), numéro 3. La Fayette (1757-1834), numéro 4.*
> *Voltaire (1694-1778), numéro 2. Victor Hugo (1802-1885), numéro 1.*
> *Hector Berlioz (1803-1869), numéro 5.*

L'erreur est donc l'inversion des numéros pour Victor Hugo et Hector Berlioz.

■ QUELQUES AUTRES FRANÇAIS CÉLÈBRES

Napoléon 1er (1769-1821), Marie de Médicis (1573-1642), Émile Zola (1840-1902), Jeanne d'Arc (1412-1431), Louis XIV (1638-1715), Antoine de Saint-Exupéry (1900-1944), Gustave Eiffel (1832-1923), Paul Cézanne (1839-1906)…

■ DES SITES CÉLÈBRES

On peut utiliser une photocopie de la carte de France muette p. 127 pour demander aux élèves de placer des sites et des villes.

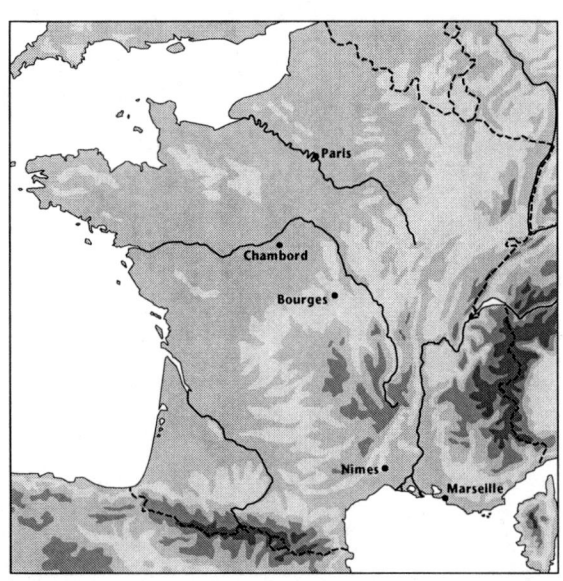

■ MÉLI-MÉLO

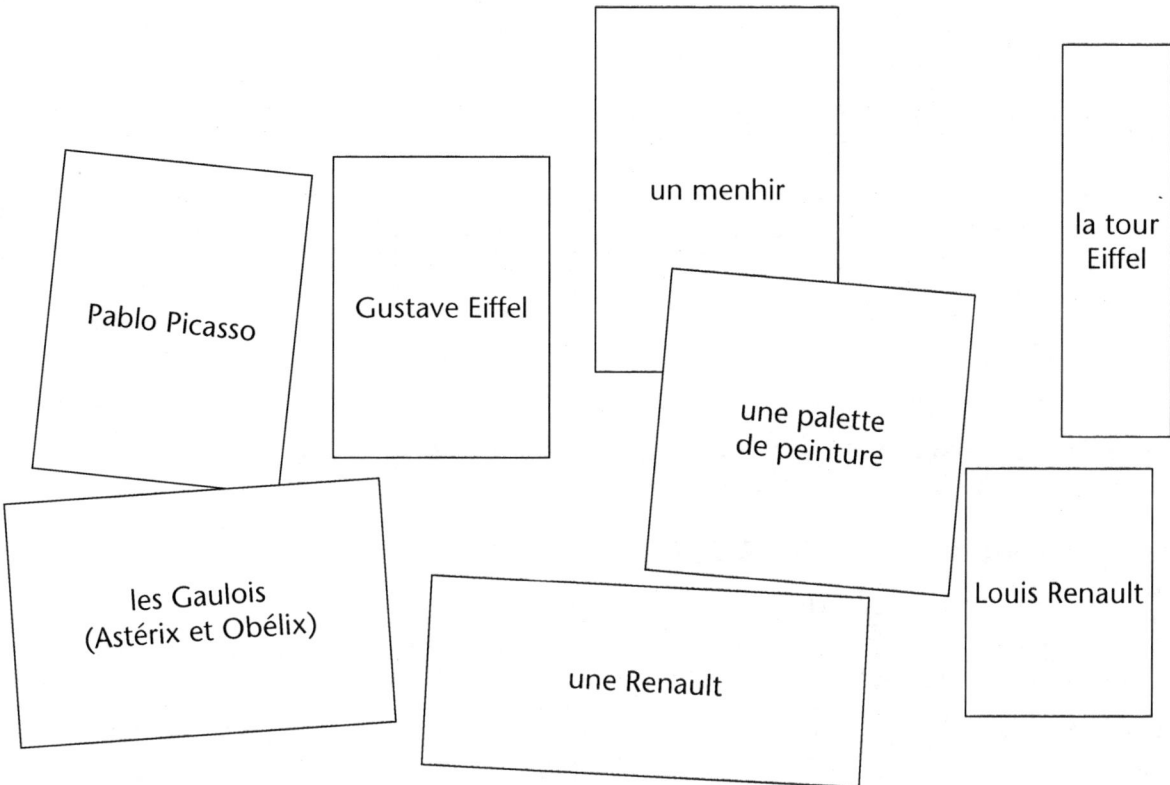

Pablo Picasso est un peintre célèbre d'origine espagnole.
Gustave Eiffel (1832-1923), ingénieur français célèbre pour ses constructions métalliques. Il a construit la tour qui porte son nom pour l'Exposition universelle de 1989, tour de 320 m de haut. On sait moins qu'il a fait l'ossature métallique de la statue de la Liberté à New York.
Les Gaulois (ici les personnages de la bande dessinée d'Uderzo) dont il reste assez peu de traces en France, sauf quelques pierres dressées appelées menhirs.
Louis Renault est le fondateur des usines d'automobiles Renault.

Les souhaits

> ☻☻ *Transcription des enregistrements*
> *— Bon anniversaire, François !*
> *— Merci, merci beaucoup !*
> *— Joyeux Noël !*
> *— Merci. À vous aussi !*
> *— Bonne et heureuse année !*
> *— Bonne et heureuse année à vous aussi !*
> *— Bonnes vacances !*
> *— Merci, vous de même*

Séquence 1

Préparation au DELF (1) *(p. 31)*

Même si on ne prépare pas les élèves au DELF, on pourra leur faire faire cette préparation avec profit. Traduire les consignes si nécessaire.

■ PRÉPARATION À L'ÉPREUVE ÉCRITE A1

1.

les prénoms	les noms	les nationalités	les noms de ville
André	–	espagnol	Toronto
Eddy	Jackson		Bruxelles
Steffie		belge	Gand

2.
Je ne suis pas canadien → *André* - Je ne parle pas bien anglais → *Eddy*
Je ne suis pas de Bruxelles → *André*

■ PRÉPARATION À L'ÉPREUVE ORALE A1

> 👄 *Transcription de l'enregistrement*
>
> — *Allô ? Marie ? Ici Aurélie. Je t'appelle parce que Sophie arrive aujourd'hui. Elle est suisse mais elle ne parle pas français. Toi aussi, tu es suisse, alors on va l'aider, d'accord ? Je te rappelle.*

1. Qui parle ? → Aurélie. 2. À qui ? → à Marie. 3. Qui est suisse ? → Sophie et Marie.

Évaluation *(p. 32)*

1. Compréhension orale

> 👄 *Transcription*
>
> *A. Elle est médecin et habite à Toulouse. B. Il s'appelle Sébastien. C. Elle n'est pas architecte, et elle n'est pas médecin non plus. D. Elle habite à Paris et elle est collégienne. E. Ça s'écrit S.E.B.A.S.T.I.E.N*

2. Expression orale

Verbes que les élèves devraient utiliser : *être, habiter, parler, aller, s'appeler, faire...*
Voir les critères à prendre en compte pour évaluer l'expression orale p. 51.

3. Connaissance de la langue

1. Elles ne sont **pas** étrang**ères** : elles sont françaises.
2. Qu'est-ce qu'**ils/elles** font ?
3. Vous vous appelez **comment** ?
4. Vous **parlez** d'autres langues ?
5. **Ça** ne va pas très **bien** !
6. **Tu** habites où ?
7. Marseille, ça s'écrit avec **deux** *l*

4.
La France

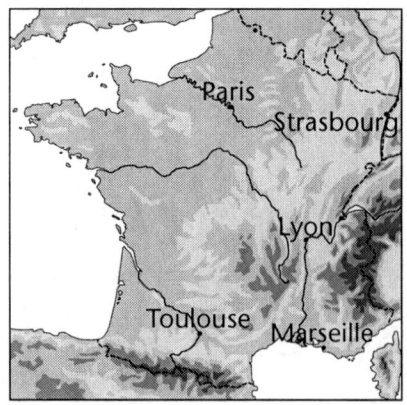

5. Expression écrite

Exemple de production attendue :
Bonjour/salut ! Je m'appelle............. Je suis (nationalité) et j'habite à .... Je suis collégien(ne). Je parle .... bien sûr, ... et un peu français.

Unité 6 *(p. 34 à 39)*

●→① Moi, j'ai...

TYPE DE LEÇON : TU
Objectifs : Parler des objets qu'on possède, en mentionner le nombre.
La première unité de la séquence 2 est centrée sur l'environnement immédiat : parler de ses objets, localiser dans la maison et en ville, parler d'une région et du temps qu'il y fait.

Avant de commencer l'unité, on peut avec profit faire deviner les objectifs de la séquence en regardant les illustrations et les indications p. 33. Au début, il faudra certainement laisser les élèves parler dans leur langue, mais très vite, on pourra obtenir des mots ou des phrases en français. Par exemple : *Elle est de Paris ; Il n'est pas de Paris*.

■ OUVERTURE
Faire écouter d'abord une fois l'enregistrement de l'ouverture sans regarder le livre, puis nouvelle écoute en regardant les illustrations.

• **Perception de la situation**
Insister au besoin sur le côté un peu enfantin de l'échange entre les deux personnages (voir l'attitude des deux personnages des illustrations p. 35) : on pourrait presque les faire parler comme des enfants plus jeunes (« Eh ben, moi, j'ai un baladeur, pas toi, la la la ! ») Seul le chien de la dernière image se montre moins puéril et moins... matérialiste !

• **Explication**
Il semble préférable pour cette unité de travailler en va-et-vient entre l'ouverture et les « Je t'explique... » : conjugaison du verbe *avoir* ; *un, une, pas de...* ; *beaucoup ?/combien ?*
La conversation 5 est un peu plus difficile à faire comprendre que les autres. L'intonation (à l'écoute des enregistrements) pourra peut-être aider à deviner que la question du garçon : « *Tu as des CD, toi ?* » cache l'intention de les emprunter. Intention que le garçon s'apprête à exprimer *(« Moi je n'ai pas de CD. Tu... »)* lorsque la fille, qui l'a deviné, l'interrompt : « *Euh... attends ! J'ai des CD mais ils ne sont pas chez moi !* » D'où la déception du garçon : « *Ah ? Bon...* » Faire jouer plusieurs fois cette conversation en insistant sur l'intonation, les mimiques et les gestes.

■ « ÉCOUTE »
Opposition [ʒ] et [ʃ]. Faire répéter le plus vite possible les petites phrases.

■ « JE T'EXPLIQUE... »
1. Conjugaison : avoir
À faire mémoriser.

2. Et
Montrer qu'en français, dans une liste, on sépare les éléments par une virgule sauf avant le dernier : la virgule est remplacée par « et ».

3. Un, une, des → pas de

Faire jouer à trois les exemples, puis travailler systématiquement la transformation de l'article indéfini associé à la négation avec le « À toi de parler ! » 1.
Les élèves qui auront intériorisé la règle *négation + un* → *de* auront peut-être tendance à dire : « *ce n'est pas de livre, c'est un cahier* ». Nous n'abordons pas cette exception (d'après notre expérience, l'expliquer a le plus souvent abouti à compliquer les choses dans l'esprit des élèves), mais si la question se pose, il faudra expliquer que le verbe *être* fait exception à cette règle, et reprendre en le transformant le « À toi de parler ! » 1 :
— C'est un chien ?/— Non, ce n'est pas un chien, c'est un chat.
— Tu as un chien ?/— Non, je n'ai pas de chien, j'ai un chat.
Puis transformer aussi le « À toi de parler ! » 2 :
— Ce sont des livres anglais ?
— Non, ce ne sont pas des livres anglais, ce sont des livres français.

4. Beaucoup ?/combien ?

Montrer que comme « pas », « beaucoup » et « combien » sont suivis de « de » avant un nom.

5. Compter de 0 à 50

Faire écouter l'enregistrement, puis faire compter en désignant au hasard les élèves l'un après l'autre vous dites : « un, deux, trois » puis vous désignez un élève qui dit « quatre », le suivant « cinq », etc. Ensuite, pour que les élèves réfléchissent à ce qu'ils disent (toujours la volonté de rester attentif au sens), faire compter à l'envers selon le même procédé : le professeur dit « 50, 49, 48, 47… » puis désigne un élève qui doit dire « 46 », puis un autre « 45 », etc. Continuer en faisant compter de deux en deux : « 2, 4, 6, 8 », de trois en trois : « 3, 6, 9… », puis de deux en deux à l'envers : « 40, 38, 36, 34… », etc. Cette technique, qui oblige les élèves à écouter les autres et à penser à la valeur du nombre qu'ils énoncent, est beaucoup plus efficace que la récitation des nombres les uns après les autres à la manière d'un perroquet.

6. 1 + 1 = 2…

Dire rapidement comment se disent + (on entend le « s » final), − et =, puis faire faire le « À toi de parler ! » 3.

7. Un… il

Plutôt que se lancer dans une explication grammaticale, faire faire directement le « À toi de parler ! » 4.

« À TOI DE PARLER ! »

1. Tu as un chien ?

Voir les indications à propos du « Je t'explique… » 3.

2. Tu as des livres ?

Nous avons volontairement mis dans la même micro-conversation les deux formes « ce sont des… » et « c'est des… », l'une hypercorrecte, l'autre très courante à l'oral mais encore un peu surprenante à l'écrit.

3. Calcul

Voir « Je t'explique… » 5

4. Qu'est-ce que c'est ?

Voir « Je t'explique… » 6

■ « À TOI DE JOUER ! »

1. Tu as le numéro ?
À faire jouer à deux, rajouter des numéros au tableau (des numéros d'immatriculation de voiture, comme pour le deuxième numéro de l'illustration, ou des numéros de vols aériens pour le troisième).

2. Conversations

> **Transcription de l'enregistrement**
> a. — Allô ? Le 04 52 34 16 31 ?
> — Oui monsieur.
> — Voilà, j'ai une moto à vendre, mais elle est française. Ça vous intéresse ?
> — Non, je cherche seulement…
>
> b. Allô, bonjour. Vous avez des CD de Charles Trénet ?
> — Non monsieur.
> — Ah ! Vous n'êtes pas le 04 52 34 15 31 ?
> — Non monsieur.
> — Ah ! Excusez-moi.

3. Puzzle

> ■ SOLUTION : — Chez moi, j'ai un ordinateur, mais je n'ai pas de télé./ — Tu n'as pas de télé ?/ — Non, et toi ?/ — Moi, j'ai une télé et un chien./ Ah ! Moi aussi j'ai un chien.

4. Le répondeur

> **Transcription de l'enregistrement :**
> Allô ! Salut ! Dis, tu peux me rappeler au 04 32 06 13 21 ?

Activité d'écoute et de repérage visuel : il faut trouver le numéro dans ce que le personnage lit dans l'annuaire téléphonique et en déduire que la personne qui a téléphoné est Alex Jany.

5. Qu'est-ce qu'ils peuvent dire ?
Première apparition de ce type d'activité, à faire pratiquer en groupes de quatre par exemple, avec mise en commun des « trouvailles » ensuite. Habituer les élèves à travailler en deux temps : 1. Parler de… décrire : « c'est un… il a un… » ; 2. Parler pour les personnages (voir un exemple p. 40)

6. Continuez la conversation
Jeu qui correspond un peu à la bataille navale, mais avec des objets.

Mémo (premier épisode) p. 40-41

Lecture pour le seul plaisir de comprendre… pas de questions, pas d'exploitation, sauf s'il y a demande de la part des élèves. On peut aussi faire jouer la scène de l'hôpital.

Séquence 2

Unité 7 *(p. 42 à 48)*

Il est là !

TYPE DE LEÇON : TU

Objectifs : Parler des objets qu'on possède, et les localiser à l'intérieur du logement.
Beaucoup de vocabulaire dans cette unité qui compte 7 pages, et pour compenser un contenu grammatical plus léger.

■ OUVERTURE

Faire écouter d'abord une fois l'enregistrement de l'ouverture sans regarder le livre, puis nouvelle écoute en regardant les illustrations.

• **Perception de la situation**

Faire remarquer le joyeux désordre de cette maison qui justifie les recherches d'Aude et de Stéphane.

• **Explication**

Faire jouer plusieurs fois la conversation téléphonique (5 et 6) : deux personnages en présence et un au téléphone. Les gestes qui vont avec : main à l'oreille pour le téléphone ; main sur le micro quand Aude parle à Stéphane (« Où, là ? ») ; geste et mimique de surprise de Stéphane quand il découvre le chien ; intonation gênée d'Aude pour dire « Euh... dans la cuisine » et précipitation pour raccrocher (« *Hein ? Ah ! Euh... Au revoir m'man* » suivie du « *Mais ?* » surpris de la mère.

■ « ÉCOUTE »

a. Opposition [s] et [z]
b. Insister sur une bonne restitution de l'intonation.
c. Faire comparer et répéter la prononciation « correcte » et celle plus relâchée des mêmes phrases.

■ « JE T'EXPLIQUE... »

1. Qu'est-ce que ?/Quoi ?
On peut faire sentir que la différence entre « Tu vois quoi ? » et « Qu'est-ce que tu vois ? » est du même ordre que celle entre « Je ne sais pas » et « J'sais pas ».

2. Le, la, les/un, une, des/quels(s), quelle(s)...
Faire jouer le texte du tableau comme une conversation :
— *Qu'est-ce que tu cherches ? — Un livre. — Quel livre ? — Il est sur la table.*
... Puis continuer comme un « À toi de parler ! » en proposant d'autres mots comme stimuli. Le procédé le plus efficace est d'écrire les mots au tableau sans les articles. Aux élèves de rechercher eux-mêmes dans le lexique à la fin du livre de l'élève ou à la première page de l'unité 7 du cahier d'activités le genre du mot.

3. L'élision du *e*
Montrer au passage que cette élision se fait aussi pour « je », « de », et « ne ».

4. Où ?

Les dessins sont suffisamment clairs pour que les élèves puissent commencer directement le « À toi de parler ! » 2. Indiquez-leur la prononciation des expressions auparavant, ou mieux, attendez qu'ils vous la demandent pendant le temps de travail en groupes de deux.

> N.B. Se pose ici, comme dans toute situation de communication de ce type, une question de point de vue : quand je dis « à droite de la maison », s'agit-il de ma droite (en tant qu'observateur) ou de celle d'une personne supposée placée devant la maison et regardant l'observateur ? Pour faire comprendre le point de vue adopté (celui de l'observateur), indiquer un objet à droite ou à gauche du tableau dans la classe.

■ « À TOI DE PARLER ! »

1. Ils sont où ?

Les mots stimulis figurent sans les articles pour que les élèves recherchent le genre, s'ils ne l'ont pas en mémoire, dans le lexique de fin de volume ou à la première page de l'unité 7 du *Cahier d'exercices*. On mémorise mieux ce qu'on a cherché que ce qui nous est donné, parce qu'on s'est posé la question.

2. Tu vois la guitare ?

Voir indications pour « Je t'explique ! », « Où ? »

3. Qu'est-ce que c'est ?

Conversation qui permettra sans en avoir l'air de faire distinguer l'emploi des articles définis/indéfinis – pour les élèves dont la langue ne fait pas la même distinction –, et qui fera mémoriser les marques de genres et nombre. Même remarque que ci-dessus : aux élèves de chercher les genres des mots-stimuli.

4. À la maison : où sont-ils ?

Pour acquérir le vocabulaire des pièces de la maison.

■ « À TOI DE JOUER ! »

1. Phrases-puzzles

■ Solution : — Je cherche le chat, tu sais où il est ? — Je ne sais pas où est le chat mais je sais où est le chien. Faire chercher les solutions à plusieurs et laisser les élèves discuter entre eux. Cet exercice permet de rendre les élèves attentifs à la ponctuation et aux majuscules.

2. Conversation sans fin

À jouer en groupes de quatre à six élèves, qui parlent à tour de rôle. Est éliminé celui qui ne trouve plus de nouveau mot à proposer. Pour que le jeu soit plus amusant, interdire d'utiliser un mot qu'un élève a déjà dit. C'est un excellent moyen pour entraîner les élèves à s'écouter entre eux.

3. Au téléphone

> *Transcription de l'enregistrement (solution du puzzle)*
> — Allô ! Antoine, ça va ?
> — Salut Élodie, ça va et toi ?
> — Euh… je cherche Gabriel.
> — Gabriel ? Je ne sais pas où il est.
> — Il n'est pas à la maison ?
> — Euh… non.
> — Il est où ?
> — Mais je ne sais pas où il est !

On peut aussi faire écouter avant de reconstituer la conversation, si le puzzle paraît difficile (voir l'explication détaillée p. 20).

> **NUMÉRO DE TÉLÉPHONE**
> En France, on énonce les numéros de téléphone par groupe de deux chiffres. Les deux premiers chiffres sont le préfixe qui dépend de la région : 01 pour la région parisienne, 02 pour le quart nord-ouest, 03 pour le quart nord-est, 04 pour le sud-est et 05 pour le sud-ouest. 06 est pour les téléphones portables, et 08 pour les numéros à tarification spéciale (numéros gratuits ou au contraire plus chers).

4. Ils parlent de quoi ?

Transcription de l'enregistrement

a. — Dis, je cherche (bruit)
— Hein ? tu cherches (bruit) ?
— Oui elle est où ?
— Euh, sur l'étagère, à droite des livres.
— Ah oui, merci.

b. — Tu cherches quelque chose ?
— Oui, le (bruit).
— Ah ! Il est sur le fauteuil.

c. — Mais si, ils sont sous le fauteuil, tu vois ?

d. Hein ? Ah ! Elle est sur la valise

SOLUTION : a. Sur le dessin p. 45, l'objet au nom féminin sur l'étagère est à gauche des livres (problème de point de vue mentionné plus haut) : il s'agit de la télévision. b. Le chien. c. Les CD. d. La console de jeux.

5. Jeu
Choisir une des images de cette unité où l'on voit des objets en grand nombre, faciles à situer.

6. Échange d'appartement
Pendant le travail d'écriture, s'assurer que les élèves ont compris la situation (échange d'appartements pendant les vacances).
Si vos élèves ont des difficultés pour commencer à écrire, faites-les travailler pendant un premier temps en groupes : « Qu'est-ce qu'on peut écrire ? » Après 10 min de travail collectif au cours duquel **ils ne doivent rien noter**, écriture individuelle.

7. Jeu : OUI ou NON ?
Bien faire respecter la règle : on ne peut poser que des questions dont les réponses soient « oui », « non », « si », ou « je ne sais pas ».

8. Jeu à deux
Variante de la bataille navale, pour faire pratiquer encore une fois l'expression de la localisation. Ce jeu, moins libre et moins communicatif que le précédent, devrait être fait avant.

Mémo (deuxième épisode) p. 49

Lecture pour le seul plaisir de comprendre… pas de questions. On peut ici, dans la langue des élèves, recueillir leurs impressions sur cette lecture et faire jouer la scène, livre ouvert puis fermé.

Unité 8 (p. 50 à 55)

●→👋 Les quatre saisons

TYPE DE LEÇON : ILS
Objectifs : Parler du temps qu'il fait, du climat et des saisons dans différents pays et lieux. Dire ce qu'on ressent (froid, chaud, faim, soif, peur...).
Souvent, quand on se trouve avec des étrangers, on compare les conditions climatiques de son pays avec celles de l'autre.

■ OUVERTURE

• **Perception de la situation**
Première leçon « Ils ». Faire observer les images : ce sont des photos, destinées à mieux faire percevoir l'intention « documentaire » du texte. Seul le dernier texte est une conversation.

• **Explication**
Faire ensuite lire silencieusement les textes. On peut, surtout si les élèves sont d'une langue voisine du français, les mettre en groupe devant une « tâche » : remplir le tableau suivant.

	au Canada	en Espagne	en Italie	en Argentine	à Bruxelles	à Lyon
quand ?						
il fait quel temps ?						
les personnes ont...						

Faire écouter le dernier texte (conversation).

■ « ÉCOUTE »
Opposition [wa] et [ɥi].

■ « JE T'EXPLIQUE... »

1. et 2. le → au - la, l' → en
Pour les noms de pays, comme pour les saisons, la règle est simple et n'a pas d'exceptions. Ajouter que les noms de pays au pluriel (les Pays-Bas, les États-Unis) demandent la préposition « aux » : *aux États-Unis, aux Pays-Bas*. Quelques noms de pays (souvent des îles : Madagascar, Cuba, Taïwan, Haïti...) n'ont pas d'article, comme les noms des villes, et on emploie alors, comme pour les villes, la préposition « à » : *à Taïwan, à Madagascar...* Les élèves auront besoin de ce complément de règle pour répondre p. 57 à la question 3 de *Civilisation*. On peut faire immédiatement travailler l'opposition « à/au » ou en avec le premier « À toi de parler ! »

3. Oui, non, si
Pour les élèves de langue latine dont l'affirmation est très proche phonétiquement du « si ! » français et peut-être pour d'autres élèves dont la langue n'a qu'une affirmation, il faudra insister et faire prendre le réflexe. Faites travailler systématiquement (comme un jeu à la chaîne) :
Élève 1 : Tu n'es pas italien(ne) ? Élève 2 : Si !... Et toi, tu ne t'appelles pas... ? Élève 3 : Si !... Et toi, tu n'habites pas.... ? Élève 4 : Si ! Etc. On peut aussi les aider en faisant le petit schéma ci-contre.

	+	−
+ ?	oui	non
− ?	si	non

39

Séquence 2

5. Les saisons en Europe
Montrer que le choix de « en » ou « au » devant les noms de saisons suit la même règles que pour les noms de pays. Pour les mois (c'est toujours « en ») on peut faire dire : *Le printemps commence en mars et finit en juin*, etc.

6. la date
Faire faire immédiatement le « À toi de parler ! » 3

« À TOI DE PARLER ! »

1. Géographie
Voir « Je t'explique… » 1 et 2.

2. Mathématiques
Révision des nombres de 0 à 50 avant la suite, leçon suivante.

3. C'est quelle date aujourd'hui ?
Expression de la date, reprise à l'écrit dans le *Cahier d'exercices* p. 35 (P, 1)

4. Ça va ?
Activité destinée à installer le réflexe de l'utilisation du verbe avoir dans ces expressions.

5. Il fait quel temps ?
Permet de mettre en œuvre les questions/réponses sur le temps qu'il fait et le « Je t'explique… » 5.

« À TOI DE JOUER ! »

1. Qu'est-ce qu'ils peuvent dire ?

> **LE COMMENTAIRE D'IMAGE**
> Pour entraîner les élèves à « parler de…, décrire », le manuel leur propose ici un certain nombre de questions destinées à les guider. Mais il serait dommage d'en faire un jeu de questions-réponses. Nous suggérons de renforcer l'aspect « Ils » de la leçon en demandant aux élèves, par groupes, de préparer un petit commentaire d'image qu'un élève viendra faire devant les autres en montrant l'image qu'il commente. On peut aussi demander aux élèves d'apporter des photos découpées dans des revues, et de se livrer au même type de commentaire d'image.
>
> **LE SKETCH SUR IMAGE**
> Après quoi on peut se livrer à une autre activité : des groupes au nombre d'élèves correspondant au nombre de personnages de l'image se préparent à jouer une petit scène qu'ils auront imaginée à partir de l'image. Ensuite chaque groupe vient jouer sa scène devant les autres après avoir indiqué, si c'est nécessaire pour la compréhension, quel personnage de l'image ils incarnent. Pour faciliter cet exercice, on peut proposer qu'il y ait dans chaque groupe un « souffleur » qui, ayant pris des notes durant le travail préparatoire, pourra souffler au moment de jouer. C'est aussi un bon moyen de donner une activité à un élève qui n'oserait pas jouer devant les autres.

2. Puzzles
■ SOLUTION : C'est l'automne et il pleut beaucoup./ Elles sont en Italie en hiver./ Non, je n'ai pas très chaud maintenant.

3. Complétez les cartes postales

Les élèves doivent trouver que le lieu est indiqué en haut, avant la date, et en déduire le temps probable qu'il fait à cette saison. On peut ensuite comparer les réponses et discuter : *En décembre, à Stockholm, il fait chaud à votre avis ?*

> ● **SIMULATION : « IL FAIT BEAU CHEZ VOUS ? »**
> On peut ajouter ici une simulation de conversation téléphonique entre deux personnes qui se téléphonent de loin, et se demandent quel temps elles ont.
> Consignes possibles :
> — Vous téléphonez à votre ami qui est à (lieu à choisir). Vous lui demandez comment ça va, s'il fait beau chez lui. Il vous répond et vous pose les mêmes questions.
> — Un ami de votre père téléphone chez vous. C'est vous qui répondez et vous savez qu'il est à (lieu à choisir). Vous lui demandez comment il va et s'il fait beau là-bas. (Attention : vous lui dites « vous »).
>
> ● **JEU DE RÔLE : « JE TE TÉLÉPHONE DE… »**
> On peut aussi ajouter un autre jeu possible à partir de la même idée, mais cette fois c'est un jeu de rôle, c'est-à-dire que les élèves ne savent pas à l'avance ce que l'autre va dire. On remet aux élèves une fiche correspondant au rôle qu'ils auront à jouer, et que ceux qui joueront l'autre rôle ne doivent pas voir.
> Consigne aux élèves A : vous êtes chez vous et un(e) ami(e) vous téléphone. Répondez et posez-lui de beaucoup de questions.
> Consigne à l'élève B : Vous êtes en voyage dans un pays étranger (choisissez le pays). Vous téléphonez à votre ami(e). Vous commencez la conversation avec : « Bonjour ! Je te téléphone de… (pays choisi) ».
> On peut soit demander aux élèves de commencer tout de suite le jeu de rôle par groupes de deux, (après deux minutes de lecture de la fiche), soit les laisser se préparer auparavant, mais en petits groupes d'élèves ayant à jouer le même rôle.
> On peut aussi choisir de désigner (après que tout le monde s'est préparé) deux élèves qui joueront devant la classe, les autres élèves devant ensuite dire si les « joueurs » ont respecté les consignes de la fiche, si leur conversation est vraisemblable, etc.
> On peut ensuite, en variant un peu les données des fiches, faire rejouer le jeu de rôle par deux autres élèves, et on demandera à ceux qui ne jouent pas de dire ensuite quelles modifications avaient été apportées aux fiches.

Mémo (troisième épisode) p. 55

Lecture pour le seul plaisir de comprendre. Faire jouer la scène, d'abord livre ouvert, puis livre fermé. On peut aussi lancer un jeu de rôle : la conversation entre la fille sur le fauteuil roulant et Thomas continue. La fille pose beaucoup de questions, Thomas répond comme il peut…

Séquence 2

Civilisation (p. 56-57)

Le monde francophone

1. Géographie
On pourra donner les noms des continents (l'Afrique, l'Amérique, l'Asie, l'Europe, l'Océanie) pour obtenir des échanges entre élèves : *Le Tchad est en Afrique, près du Niger.*

2. Grammaire
Conformément à la règle présentée à l'unité 8 (voir p. 39 de ce guide) on dit :

au Bénin,	au Mali
au Burkina Faso	à Maurice (ou à l'île Maurice)
au Burundi	en Mauritanie
au Cameroun	au Niger
aux Comores	en République centrafricaine
au Congo	en République démocratique du Congo
en Côte d'Ivoire	au Rwanda
à Djibouti	au Sénégal
au Gabon	au Tchad
en Guinée	au Togo
à Haïti	à Vanuatu (ou en république de Vanuatu)
à Madagascar	

3. C'est dans quel pays ?
Il s'agit de la baie d'Along au nord du Vietnam et du souk (marché couvert) de Marrakech au Maroc.

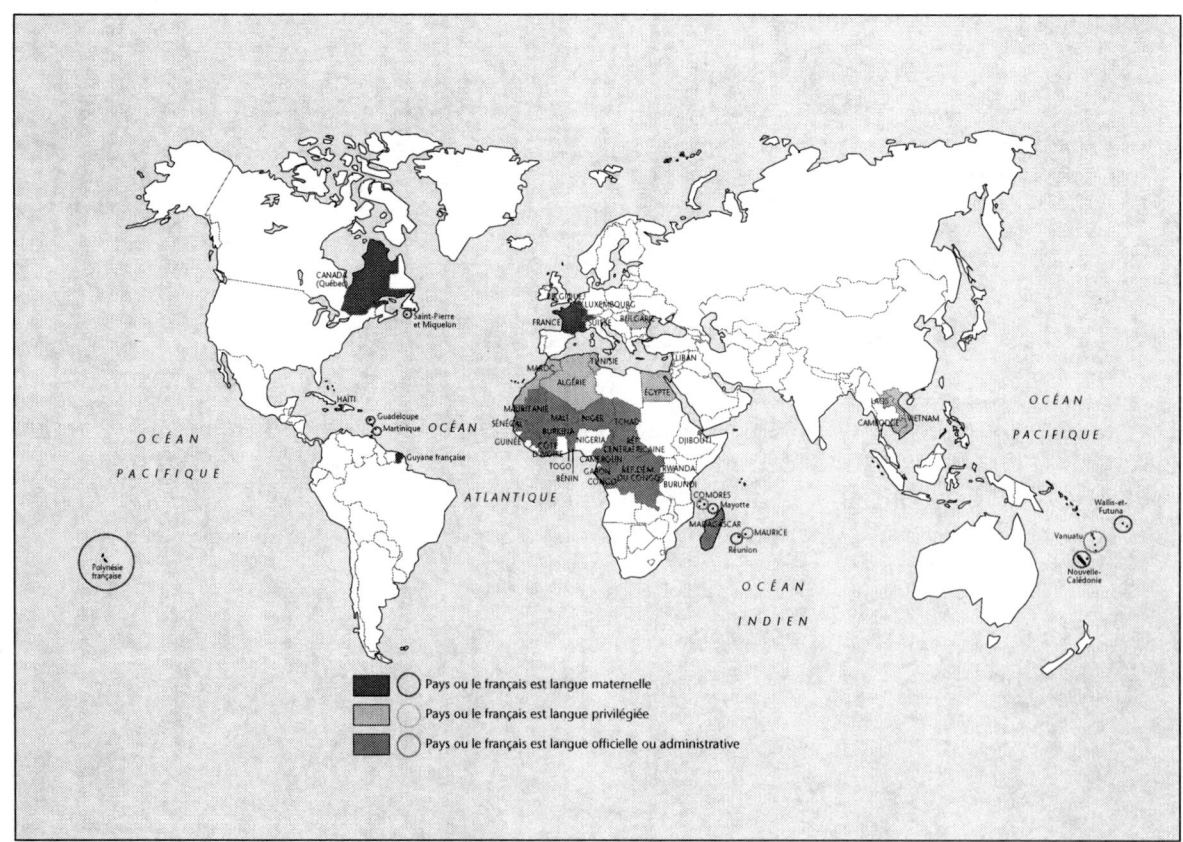

Unité 9 *(p. 58 à 63)*

🎧→📖 *La valise grise* (deuxième épisode)

TYPE DE LEÇON : VOUS

Objectifs : Préciser où se trouve un lieu dans une ville, situer une ville dans un pays, une région.

Après l'unité 6 qui a montré comment localiser en ville ou dans la maison, cette deuxième unité « Vous », deuxième épisode de notre feuilleton policier en bande dessinée, étend la localisation au domaine du pays ou de la région.

■ OUVERTURE

• **Perception de la situation**

À lire à deux niveaux : dans un modeste village de France se déroulent de banales demandes de renseignements... Oui, mais que se passe-t-il sous cet aspect banal ? On retrouve ce mystérieux personnage barbu, toujours équipé de son téléphone appareil photo numérique qui suit et photographie... Martine, que nous avons déjà rencontrée au premier épisode, va rencontrer une autre « vieille connaissance » comme on dit dans les romans policiers : Antoine. Ils vont procéder ensemble à une mystérieuse transmission de valise... Et pourquoi Martine veut-elle trouver une banque dans ce petit village ?

• **Explication**

On peut faire écouter l'enregistrement, deux ou trois fois, livré fermé, en demandant aux élèves de dire ce qu'ils ont entendu, compris, retenu. Ils peuvent dire des bribes de phrases ou des mots isolés que les autres compléteront peut-être. Ainsi la compréhension du texte se fera un peu à la manière d'un puzzle.

Faire réécouter ensuite en regardant les images et faire repérer :
— ce qu'on dit pour aborder quelqu'un (« Excusez-moi », « Madame », « Pardon », « Pardon mademoiselle »,...)
— ce qu'on dit pour remercier
— comment on pose les questions
— ce qu'on dit quand on ne sait pas
— comment on donne le renseignement demandé
... ce qui permet d'arriver aux « Je t'explique... » 1 et 5.

■ 👂 « ÉCOUTE »

a. Travail sur l'intonation : question, hésitation, remerciement, réponse au remerciement.
b. Opposition [f]/[v]

■ « JE T'EXPLIQUE... »

1. Pour demander un renseignement

Si le travail de repérage a été fait à la phase précédente, il ne sera peut-être pas nécessaire de revenir sur ce tableau.

2. Il y a un...

Reprise de l'utilisation des articles indéfinis (et de leur remplacement par *de* à la forme négative) abordée à l'unité 6. Poser quelques questions aux élèves sur leur environnement

Séquence 2

(« Il y a un restaurant ici ? Un stade ?... ») pour vérifier s'il faut rependre ce point. Si oui, on peut faire une micro-conversation :
— Vous avez un téléphone, ici ?
— Non, je n'ai pas de téléphone, pourquoi ?
— Ah ! [ton ennuyé] Moi non plus, je n'ai pas de téléphone !

téléphone → dictionnaire, gomme, ordinateur…

3. Un /le
Simple rappel de l'opposition défini/indéfini. C'est en faisant faire le « À toi de parler ! » 1 que vous verrez s'il est utile d'y renvoyer les élèves.

4. Le défini contracté
Les élèves le pratiqueront avec les « À toi de parler ! » 1 et 2. N'attirer l'attention des élèves sur ce point que si ça paraît nécessaire.

5. Où ?
Les dessins devraient suffire pour comprendre et faire « À toi de parler ! » 2. Faire comprendre la différence entre « devant » (qui suppose une proximité) et « en face » qui suppose un éloignement plus grand. Si je suis devant une maison, je suis sur le même trottoir ; en face, je suis de l'autre côté de la rue.

6. Les nombres
Faire écouter puis, selon la technique décrite pour l'unité 6 (p. 34 de ce guide), faire compter : *1100, 1200, 1300, 3000, 4000, 5 000… 900 000, 800 000, 700 000*, etc.

« À TOI DE PARLER ! »

1. S'il vous plaît…
Les élèves doivent produire : *il y a un café, c'est le café de poste, un restaurant, c'est le restaurant de l'hôtel…*
Se reporter aux « Je t'explique… » 3 et 4 en cas de difficulté.

2. Excusez-moi…
Les élèves doivent situer les lieux d'après le dessin, en se reportant si nécessaire au « Je t'explique… » 5 (Où ?... ici/là-bas) et à celui de l'unité 7 p. 45.

3. Comptons !
Même activité que ci-dessus pour le « Je t'explique… » 6 (Les nombres), mais cette fois en petits groupes (trois ou quatre élèves).

4. Allô !
Montrer que celui qui demande le numéro doit faire une erreur en le répétant, erreur que le premier doit corriger.

> **NUMÉRO DE TÉLÉPHONE**
> À propos des numéros de téléphone en France, qu'on énonce par groupe de deux chiffres. Les deux premiers chiffres sont le préfixe qui dépend de la région : 01 pour la région parisienne, 02 pour le quart nord-ouest, 03 pour le quart nord-est, 04 pour le sud-est et 05 pour le sud-ouest. 06 est pour les téléphones portables, et 08 pour les numéros à tarification spéciale (numéros gratuits ou au contraire plus chers).

■ « À TOI DE JOUER ! »

1. Quelle est l'adresse ?
Après avoir utilisé les informations apportées par l'illustration, on peut avoir recours à des lieux familiers aux élèves, pour prendre l'habitude de formuler l'adresse.

2. Un gîte rural
Un gîte rural est une maison à la campagne dans laquelle on a aménagé des chambres pour recevoir les touristes. Révision des noms des pièces de la maison et de la localisation.

3. Au Sahara
Les informations farfelues du dessin peuvent alimenter le sujet de la conversation, mais il n'est pas interdit de renchérir sur le côté farfelu.

4. Jeu de rôle
L'élève A habite la ville où il se trouve réellement (celle où se trouve le collège). L'élève B qui joue l'étranger doit poser des questions sur les lieux importants de la ville : « Où est la gare ? La poste ? La mairie ? L'hôpital ? » Les réponses peuvent être des localisations simples : « En face de la banque… » Ou plus complexes (introduire depuis) : « Depuis la gare, prendre première rue à gauche, et aller tout droit ». Les autres élèves écoutent et vérifient la pertinence des explications.

5. Derrière chez moi
Exercice de mémorisation et d'attention à l'intonation et l'expression. À faire préparer à deux (un joue pendant que l'autre « souffle ») avant de demander à quelques volontaires de jouer le texte. On pourra pour finir faire écouter l'enregistrement.

6. Message
On peut rendre l'activité plus interactive en faisant travailler à trois : chaque élève dessine un plan à partir duquel un autre doit écrire le message. Puis le message est remis à un troisième élève qui doit dessiner le plan. (Chaque élève a donc imaginé un plan, écrit un message et dessiné un plan d'après message, les documents tournant entre eux). Les confrontations ensuite sont généralement intéressantes.

Mémo (quatrième épisode) p. 64-65

Lecture pour le plaisir. On peut faire imaginer d'autres questions que Thomas, qui redécouvre sa chambre, pose à ses parents : *Est-ce que j'ai une bicyclette ? Elle est où ?* etc. Faire jouer la scène.

Séquence 2

Unité 10 *(p. 66 à 71)*

C'est en France

TYPE DE LEÇON : ILS

Objectifs : Présenter une ville ou une région et expliquer comment y aller.
Pour compléter la localisation : localiser et décrire une ville et situer un lieu dans la ville en disant comment on s'y rend, évoquer les problèmes de transport.

■ OUVERTURE

L'ouverture de l'unité n'est pas entièrement en « Ils » : seule la première page l'est.

• Perception de la situation

L'illustration par des photos permet de saisir l'intention « documentaire » des textes.

• Explication

Pour faire comprendre la localisation, il peut être utile, avant même de commencer à travailler sur les pages 66-67, d'utiliser la carte de France en deuxième de couverture et d'expliquer que les Alpes sont des montagnes dans le sud-est de la France.
Le grand ensemble d'immeubles de la photo p. 67 fait partie de Marne-la-Vallée.

> **N.B.**
> « Bourg d'Oisans est situé… » En principe, on accorde au féminin les adjectifs qui se rapportent à des noms de villes (« Marne-la-Vallée est située… »). Les élèves demanderont peut-être pourquoi « situé » est au masculin ici alors que Marne-la-Vallée est « située ». Bourg d'Oisans est perçu comme un bourg (un gros village) et est donc masculin, tandis que Marne-la-Vallée est une ville… Usage parfois difficile à appliquer, on s'en doute !

Pour la conversation 4, on peut, avant de la faire écouter, représenter au tableau une carte succincte : sur un trait horizontal, à gauche, Mimizan, à droite, Escource. D'Escource, faire descendre un trait perpendiculaire à la route entre Mimizan et Escource, trait qui représente la route sur laquelle a lieu la conversation. Pour la conversation 6, on peut, collectivement, écouter l'enregistrement en essayant de dessiner la carte.

■ « ÉCOUTE »

Opposition [ã]/[ɛ̃]/[õ]

■ « JE T'EXPLIQUE… »

1. Aller au/à la/à l'
Faire faire le « À toi de parler ! » 1, et ne renvoyer les élèves à cette explication qu'en cas de problème.

2. Comment ? En voiture/ à pied…
Signaler simplement aux élèves qu'ils auront besoin de se reporter à cette explication pour faire le « À toi de parler ! » 1.

3. Où?/Où est-ce?...

Tableau d'acte de parole que l'on peut exploiter en mettant les élèves en « situation-problème ». Par exemple, on peut demander aux élèves de faire, par groupes de deux, le « À toi de jouer! » 1 et de chercher ici les éléments dont ils auront besoin. Le professeur n'intervient auprès des petits groupes que s'ils demandent une explication.

On peut aussi écrire au tableau un canevas de simulation, et de la même manière mettre les élèves en « situation-problème » avec le tableau d'acte de parole comme outil et le professeur comme ressource en cas de difficulté.

> **EXEMPLE DE CANEVAS**
> A ne connaît pas B, ils sont dans la rue X (lieu connu) de (ville des élèves).
> A cherche la gare et demande à B.
> B explique - A demande de répéter puis répète lui-même pour être sûr.
> A remercie.

L'illustration de ce bas de page est un poteau indicateur « clin d'œil » que l'on trouve en France sur certains lieux touristiques (en général des panoramas). Ici, autre clin d'œil, les indications sont données en minutes, imitant les panneaux destinés aux randonneurs donnant en heures et minutes la durée des parcours à pied.

4. Y

La place du pronom *y* avec la négation est présentée dans les exemples, elle n'est pas reprise en activité. Après que les élèves ont commencé à travailler sur le « À toi de parler! » 1, leur proposer de compliquer un peu la conversation en disant :
— *Tu y vas comment, à pied ?*
— *Non, **je n'y vais pas à pied**, j'y vais à vélo.*

5. 1er, 2e, 3e...

On peut reprendre ici la technique proposée pour les nombres (unités 5 et 9) ou faire directement le « À toi de parler! » 5.

■ « À TOI DE PARLER! »

1. Tu y vas comment?

Cette activité renvoie à trois « Je t'explique… » : elle fait exploiter *aller à/au…*, le pronom *y* et *Comment ? en voiture/ à pied…*
Voir ci-dessus (« Je t'explique… » 5) la suggestion pour faire pratiquer *y* et la négation.

2. C'est où?

À faire faire en regardant la carte et la première partie du « Je t'explique… » 4. On peut prolonger le jeu en demandant aux élèves de jouer aux devinettes à partir de la carte de France (deuxième page de couverture) : *C'est une région au nord-est de Paris* → *La Champagne; C'est une ville pas loin et au sud-ouest de Nice* → *C'est Cannes; etc.*

3. C'est loin?

En rappelant si nécessaire l'expression « à peu près », on peut prolonger par le jeu de devinettes comme à l'activité précédente de devinettes à partir de la carte de France :
— *Le Mans, c'est loin de Rennes? — À 150 km à peu près.*

Séquence 2

■ « À TOI DE JOUER ! »

1. Comment je fais pour aller chez toi ?
Faire continuer à deux la conversation téléphonique, un élève regardant le plan et expliquant, l'autre essayant de dessiner le plan à partir des indications et posant des questions.

2. Désolée

> *Transcription de l'enregistrement (solution du puzzle)*
> — Pardon...
> — Oui ?
> — Je cherche le musée...
> — Le musée ? Il y a un musée, ici ?
> — Oui, le musée de l'automobile.
> — Ah ? Désolée, je ne suis pas d'ici.

3. Taxi !

> *Transcription de l'enregistrement (une solution possible)*
> — Taxi ! Euh, bonjour, Monsieur, je vais au musée de l'automobile.
> — Au Musée de l'auto ? ...
> — Oui. — Mais, c'est tout près, le musée de l'auto !
> — Ah ?
> — Oui, vous voyez le pont, là-bas ? — Oui.
> — Eh bien, c'est à côté.
> — Ah bon ! Merci !

L'intérêt de cette activité est d'exiger une solution qui justifie la dernière réplique : « *Ah bon ! Merci !* » (travail sur le sens). Après que les élèves ont préparé en groupe, ils jouent la conversation et les autres disent si ce qu'ils ont imaginé est possible ou non. Par exemple, on ne peut pas accepter une conversation comme :
Au musée de l'auto ?/— Oui./D'accord. ... Voilà. C'est ici... Ça fait cinq euros/— Voilà./— Ah bon ! Merci !
Dans ce cas, rien ne justifie le « *Ah bon !* »
Après l'audition de ce qu'il faut présenter comme une réponse possible, la faire rejouer de mémoire.

4. Jeu de rôle
C'est un jeu de rôle si l'élève B ne sait pas où l'élève A habite. Sinon, c'est une simulation, moins intéressante.

5. Qu'est-ce qu'ils peuvent dire ?
Voir p. 40 comment faire travailler cette activité. On voit que pour la première image, le touriste demande où il y a une pharmacie (ça peut donner lieu à une simulation), la deuxième image devrait faire utiliser premier, deuxième, ou dernier... (« Le cheval n° 6 est dernier/premier ! »), la troisième image devrait faire exprimer un désaccord sur la direction à prendre, et la quatrième suggérer une demande de renseignement, l'ambiguïté du document tenu à la main pouvant permettre plusieurs interprétations.

6. Message à continuer d'après le plan tel qu'il est décrit par le personnage qui téléphone.

Civilisation (p. 72)

Pour ou contre la bise ?

La bise, pratique devenue très courante en France, et qui n'étonne pas que les étrangers : la preuve, les messages du forum sur Internet sont quasi authentiques.
Cette page peut donner lieu à un travail de groupe mené de la manière suivante.

1. Commencer par un moment (de l'ordre de cinq minutes) de lecture individuelle silencieuse

Donner (au tableau) quelques questions pour guider la lecture : *on parle de quoi ? Qui répond ? (Filles ? Garçons ? D'où ?) On fait combien de bises en France ? Et dans les autres pays ?*

• Pourquoi un travail de groupe ?
Parce qu'il est bon que le professeur ne soit pas toujours au premier plan, et parce que les confrontations entre élèves et sources d'apprentissages sont toujours intéressantes. Un élève peut par la confrontation prendre conscience qu'il n'y a pas que sa propre manière de travailler, il peut enrichir sa pratique par celles qu'il découvre chez les autres. Enfin, au sein d'un petit groupe, un élève a plus d'occasions de prendre la parole et d'être impliqué que s'il travaille au sein de toute la classe.

• Pourquoi commencer un travail de groupe par un moment de travail individuel ?
Pour éviter les phénomènes de prise de pouvoir par les « fortes têtes » ou les plus rapides du groupe, qui commenceront à répondre avant que les autres aient eu le temps de réfléchir. Si chacun a eu un temps de réflexion avant, la confrontation a plus de chances d'être fructueuse.

• Pourquoi une lecture avec des questions ?
Pour donner aux élèves quelque chose de l'ordre de la « tâche », c'est-à-dire pour orienter leur attention, pour leur permettre de vérifier par eux-mêmes qu'ils font ce qui est demandé. Face à une consigne comme « Lisez attentivement ce texte », beaucoup d'élèves ne savent pas s'ils ont *bien* lu, s'ils ont lu attentivement. S'ils ont à répondre à des questions, ils peuvent au moins contrôler qu'ils y répondent, et leur attention est guidée par ces questions.

• Pourquoi écrire les questions au tableau ?
Parce que lire, encore plus dans une langue étrangère, demande un grand travail du cerveau qui ne peut pas se concentrer sur le texte tout en conservant les questions en mémoire. On peut observer d'ailleurs que pendant le travail les élèves lèvent souvent la tête pour revoir les questions au tableau.

2. Confrontation en groupes des réponses, et élaboration de réponses collectives

• Combien d'élèves par groupe ?
Faire des groupes de trois élèves au minimum, et éviter de dépasser six par groupe.

• Combien de temps ?
Un travail en groupe ne doit pas durer trop longtemps (de 5 à 20 minutes), surtout si les élèves n'en ont pas l'habitude. Si le travail demandé exige beaucoup de temps, le fractionner. Indiquer combien de temps durera le travail (ici, une quinzaine de minutes peut-être) et rester souple : allonger ou réduire le temps en fonction de la progression du travail.

• Que fait le professeur ?
Il n'est pas au premier plan mais il est très actif. Il observe les comportements, les manières de travailler, repère les élèves qui semblent en difficulté ou ceux qui ont déjà tout compris. Il intervient à la demande, sans donner les réponses, pour guider le travail. Il régule s'il y a lieu (demander de ne pas parler trop fort, etc.).

3. Mise en commun des réponses des groupes
• Qui le fait ?
Un élève choisi « au hasard » par le professeur. Ne pas désigner de rapporteur avant le travail en groupes, sinon beaucoup d'élèves vont se décharger du travail sur le rapporteur désigné. Ne pas laisser se désigner de volontaire (ce sont toujours les mêmes qui sont volontaires) : il faut que chaque membre du groupe se sente responsable de la réponse collective et puisse en rendre compte.

• Comment ?
Pour éviter que ce soit long et ennuyeux, le premier élève désigné donne toutes les réponses de son groupe, les suivants ne donnent que ce qui est différent, ce qui oblige ainsi les élèves à faire attention à ce que disent les autres.

4. Discussion s'il y a lieu sur les différences entre les réponses des groupes

5. Éventuellement, rédaction collective d'un message
Le message peut contribuer à la discussion engagée dans ce forum : quel est l'avis des élèves sur cette question de la bise ?
• Débat de groupe pour savoir quelle sera la réponse.
• Rédaction individuelle ou collective de la réponse.
• Confrontation des réponses (par lecture ou affichage).

Préparation au DELF (2) (p. 73)

Même si on ne prépare pas les élèves au DELF, on pourra leur faire faire cette préparation avec profit.

■ A1, ORAL COLLECTIF

> 👂 *Transcription des enregistrements*
>
> 1. — Allô ?
> — Bonjour madame. Quel est le numéro de téléphone de l'hôtel des Thermes à Vichy ?
> — L'hôtel des Thermes ? C'est le 04 70 30 43 81
> — Le 04 70 30 43 81 ? Merci.
>
> 2. — Allô, les renseignements…
> — Bonjour. Le numéro de la gare SNCF à Dinan, SVP ?
> — La gare ? C'est le 02 33 85 43 91
> — Le 02 33 85 43 91 ?
> — C'est ça.

> ● NUMÉRO DE TÉLÉPHONE
>
> À propos des numéros de téléphone en France, qu'on énonce par groupe de deux chiffres. Les deux premiers chiffres sont le préfixe qui dépend de la région : 01 pour la région parisienne, 02 pour le quart nord-ouest, 03 pour le quart nord-est, 04 pour le sud-est et 05 pour le sud-ouest. 06 est pour les téléphones portables, et 08 pour les numéros à tarification spéciale (numéros gratuits ou au contraire plus chers).

■ A1, ÉCRIT

En cas de difficultés, renvoyer les élèves aux unités 8 et 10.

Évaluation séquence 2 (p. 74)

• 1. Compréhension orale

> 👂 *Transcription des enregistrements*
>
> a. Excusez-moi, pour aller à Dinan ?
> — Ce n'est pas compliqué. Vous allez tout droit jusqu'au carrefour. Là, vous prenez à gauche et ensuite c'est tout droit. C'est près de la mer, à environ 80 km d'ici.
>
> b. — Tu cherches quoi ?
> — Le livre de maths.
> — Il est sur l'étagère.
> — Où, sur l'étagère ?
> — Je ne sais pas. Regarde sur l'étagère, voyons !

2. Expression orale

Les critères à prendre en compte pour évaluer l'expression orale sont de trois ordres[1] :
• linguistiques (intonation et prononciation, emploi des mots justes, correction grammaticale),
• pragmatiques (fluidité, enchaînement, choix du niveau de langue),
• expressifs (intonation, gestes).
Bien souvent, on a tendance à ne prendre en compte que la seule correction grammaticale.

4. Connaissance de la langue

1. — Tu vas au lycée **à** pied ?
— Non, j'y vais **en** bus.
2. — **Vous** savez où il y a un café ?
— Il y a **le** café de la gare, **là**-bas.
3. Il y a **des** taxis sur la place **de** l'église, à gauche **du** pont.
4. C'**est** l'hiver et il **fait** très froid. Il fait nuit et j'**ai** un peu peur.
5. **Au** printemps, il fait mauvais et il **pleut** beaucoup, ici ! Mais **en** été, il fait beau.
6. Je vais **au** Brésil **en** bateau.
7. — Tu n'as pas faim ? — **Si**, j'ai faim.
8. — Tu as un téléphone ?
— Non, je n'ai pas **de** téléphone.
9. — Je cherche les photos, elles sont où ?
— **Quelles** photos ?

---
1. Cf. *Élaborer un cours de FLE*, Janine Courtillon, Hachette (2003)

Séquence 3

Unité 11 (p. 76 à 81)

Tu aimes ?

TYPE DE LEÇON : TU

Objectifs : Parler de ses goûts, préférences et sentiments. Décrire une personne. Apprécier, qualifier, comparer.

Première unité de la troisième séquence. Après avoir appris à parler de son cadre de vie (deuxième séquence), on va parler de choses plus personnelles : ses goûts, sa famille, ses occupations, ses habitudes, sa santé. Avant de commencer l'unité, on peut avec profit faire deviner les objectifs de la séquence en regardant les illustrations et les indications p. 75 (voir les conseils pour l'unité 6, donnés p. 33).

■ OUVERTURE

• Perception de la situation

Les illustrations doivent permettre de comprendre qu'il s'agit d'échanges entre jeunes, à l'école ou en dehors de l'école.

• Explication

Conversation avant l'arrivée du professeur... qualifié de pas « marrant » ! Indiquer que c'est du français typiquement oral. « Marrant » a le même sens que drôle : selon les emplois, « amusant », « bizarre », ou « curieux ». On pourra faire pratiquer la forme *Il/elle + verbe, sujet,* typique de l'oral et très employée en faisant transformer :
Ce prof n'est pas marrant → *il est pas marrant ce prof; Éléna Costa est belle* → *Elle est belle, Éléna Costa.*
De même, la phrase « *Moi les bagnoles, c'est pas mon truc* » est typiquement orale par ses mots (« bagnole » = « voiture » en argot ; « truc ») et par sa forme. « C'est pas mon truc » = « ça ne m'intéresse pas, je n'aime pas ».
NB : Ni Éléna Costa ni Lino del Capo n'existent.

■ « ÉCOUTE »

Les liaisons. Il vaut mieux ne pas aborder avec les élèves la différence entre liaison et enchaînement, mais il faut bien avoir une réponse prête si un élève demande pourquoi on dit [tyabitapari] et pas [tyabitzapari]
C'est que la liaison ne se fait pas systématiquement. Dans « tu habi**tes** à Paris », on fait l'enchaînement [abitapari] et pas la liaison [abitzapari]. Nous ne présentons ici (et dans *Déclic 2*) que les liaisons obligatoires (les principales : entre l'article et le nom ; après « est » – verbe être – ; entre les pronoms « nous », « vous », « ils », « elles » et les verbes ; entre les pronoms « nous », « vous », « ils », « elles » et les pronoms « y » et « en » ; après « très »). Indiquer simplement aux élèves que c'est par l'habitude qu'ils feront les liaisons ou les enchaînements qui conviennent. Pour les liaisons non obligatoires, signalons que les jeunes et les Parisiens en font moins que les Français âgés et provinciaux.
Liaisons et enchaînement seront repris dans *Déclic 2* (unité 6).

■ « JE T'EXPLIQUE... »

1. Conjugaison : s'ennuyer

2. Aimer... un peu... beaucoup
Faire pratiquer rapidement en demandant par exemple aux élèves de se dire, par deux, une chose qu'ils adorent, une qu'ils aiment, une qu'ils détestent. Ensuite ils se mettent par quatre, et chacun doit dire aux autres ce que son partenaire aime ou déteste.

3. Grand/grande....
Accord des adjectifs et acquisition de nouveaux adjectifs pour décrire. Pour la place des adjectifs, on ne donne ici que les adjectifs connus des élèves. Mise en pratique de la place de l'adjectif avec le « À toi de parler ! » 4.

4. Le comparatif
Faire faire le « À toi de parler ! » 1, le plus simple, qui amènera à découvrir l'explication du comparatif, puis continuer avec les suivants.

■ « À TOI DE PARLER ! »

1. Au contraire
À faire pour découvrir le « Je t'explique » (*Plus, moins, aussi*)

2. C'est vrai
Dans l'activité précédente on disait le contraire, ici on dit la même chose mais différemment, de façon à rester attentif au sens de ce qu'on dit.

3. Mais non, pas d'accord !
Ici il s'agit d'utiliser *aussi... que*

4. Il est mauvais ?
Les élèves doivent rester attentifs au sens pour choisir l'adjectif qui convient. Il n'est peut-être pas nécessaire de trop insister sur cette question de la place des adjectifs, une erreur de ce type ne nuisant généralement pas à la compréhension.

5. Je préfère !
Conversation qu'on peut compléter par : « Les chiens sont plus gentils que les chats », ce qui amènera à chercher des adjectifs justifiant qu'on préfère les CD aux cassettes, les BD aux livres, etc.

■ « À TOI DE JOUER ! »

1. Ils sont fous !
Après les exercices systématiques sur le comparatif, les élèves sont invités à se détendre en énonçant des phrases absurdes (mais grammaticalement correctes !). À pratiquer par groupes de trois ou quatre, après un petit moment de réflexion individuelle pour préparer quelques phrases.

2. Ils sont encore plus fous !
Même type d'exercice que le précédent, faisant appel à la créativité des élèves qui imagineront, sans le savoir, des phrases à la manière de Ionesco (*La Cantatrice chauve*). Les deux illustrations ont pour but de les inciter à faire des phrases absurdes ou cocasses.

Séquence 3

3. Puzzles
Solution : A. Elle n'aime pas l'opéra à la télévision. B. Si, j'aime les sports mais pas à la télévision ! C. Vous n'aimez pas le cinéma américain ?

4. J'adore… !

> *Transcription de l'enregistrement (solution du puzzle)*
> — *Vous aimez le cinéma ?*
> — *Oui, beaucoup.*
> — *Le cinéma français ? italien ?*
> — *J'adore le cinéma italien… Dites, vous, vous êtes de quelle nationalité ?*
> — *Je suis italien.*
> — *Italien ? J'adore les Italiens !*

5. Lui, il aime/Elle, elle aime…
Il s'agit de parler à la troisième personne en présentant les goûts de celui/celle dont on a reçu les notes.

6. Moi, non, pas du tout
Simulation à jouer à partir de l'image : chacun annonce des goûts bien différents (théâtre et lecture/sports).

7. Présentation
Passage de l'oral à l'écrit. À jouer à trois. L'élève qui présente Brandon doit avoir mémorisé ce qu'il a lu à son sujet, celui qui joue Brandon n'intervient que pour souffler un peu, si nécessaire, celui qui joue madame Duchêne pose des questions pour compliquer un peu la tâche. Faire jouer trois fois en changeant les rôles.

8. Présentez quelqu'un
Le message de Brandon servira de modèle pour cette présentation écrite de Claire Duchêne.

Unité 12 *(p. 84 à 87)*

Tu as une grande famille ?

TYPE DE LEÇON : TU

Objectifs : Décrire des personnes. Demander l'âge de quelqu'un. S'informer et informer sur son entourage familial. Parler de ses occupations (études, travail, loisirs) et de ses goûts.
Pour les adolescents il est important de pouvoir parler de sa famille, de l'âge des personnes qu'on connaît et de leurs occupations.

■ OUVERTURE

• **Perception de la situation**
Conversations entre jeunes sur les copains et la famille.

• **Explication**
On peut, pour cette leçon, travailler sur un arbre généalogique, présenté au tableau (avant ou après l'écoute ou la découverte des images). Par exemple :

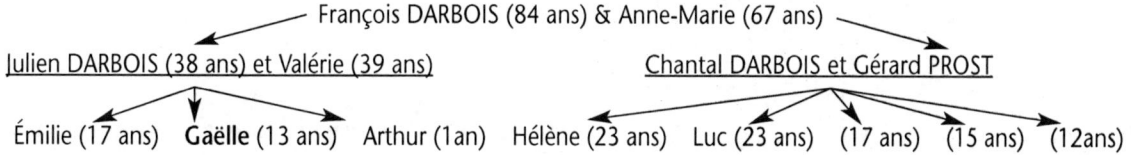

François DARBOIS (84 ans) & Anne-Marie (67 ans)

Julien DARBOIS (38 ans) et Valérie (39 ans)   Chantal DARBOIS et Gérard PROST

Émilie (17 ans) **Gaëlle** (13 ans) Arthur (1 an)   Hélène (23 ans) Luc (23 ans) (17 ans) (15 ans) (12 ans)

On pourra ainsi faire découvrir les noms de parenté (fils, sœur, cousine, grand-père…) et les possessifs en faisant commenter à partir du point de vue de Gaëlle :
— *Pour Gaëlle, François Darbois, qui est-ce ?*
— *C'est son grand-père.*
Les élèves constateront le besoin de travailler sur les possessifs, ce qui se fera avec « À toi de parler ! » 1 et « Je t'explique ! » 2. Après quoi on pourra revenir sur l'arbre généalogique, et, en faisant mine de ne travailler que sur les noms de parenté et les âges, on fera pratiquer les possessifs sans en avoir l'air (situation idéale d'apprentissage !). Les élèves se poseront des questions comme :
— *Sa grand-mère a quel âge ?*
— *Gaëlle, ton frère a quel âge ?*
— *Gaëlle, Luc, qui est-ce pour toi ?* → — *C'est mon cousin.*
On peut aussi ne pas indiquer les âges, et les faire ajouter après écoute de l'enregistrement.

■ « ÉCOUTE »

Opposition [ø]/[œ]. C'est la position qui détermine si *eu* sera prononcé [ø] ou [œ].
Le changement de prononciation de certains chiffres selon ce qui les suit est une difficulté pour beaucoup d'apprenants (ne pas trop insister, cela ne nuit généralement pas à la compréhension).

■ « JE T'EXPLIQUE ! »

2. Les possessifs
Voir *Explication* ci-dessus ou commencer le « À toi de parler ! » 1 en renvoyant à ce tableau.

Séquence 3

3. Les deux sens de *on*

« On » s'utilise de plus en plus dans le langage parlé à la place de « nous », parce qu'il est plus simple d'emploi. Mais dans ce cas, il s'utilise avec le pronom anaphorique « nous » (« Nous, on a préféré aller au cinéma ») et avec le possessif de la première personne (« On a vendu notre appartement »). Application dans « À toi de jouer ! » 4.

4. Qui est-ce ? C'est qui ?

Tableau à la fois d'acte de parole (présenter quelqu'un) et de grammaire (les deux formes interrogatives). On peut, pour travailler ces deux formes, ajouter un « À toi de parler ! ».
— *Tu habites où ?*
— *Pardon ? Tu peux répéter ?*
— *Où est-ce que tu habites ?*
— *Ah, je comprends ! J'habite….*
habiter où ➔ *avoir quel âge, être d'où, parler quelles langues, …*
On trouvera dans le *Mémento grammatical* une récapitulation des formes interrogatives.

■ « À TOI DE PARLER ! »

1. C'est ta maison ?

À travailler avec le « Je t'explique… » 2. On peut compliquer la conversation en ajoutant :
— *Ah bon ? C'est sa maison ? Tu es sûr(e) ?*
— *Mais oui, c'est bien sa maison.*

2. Devinettes

Faire varier l'activité avec le dessin ; en prenant en considération le personnage central du dessin (2, *moi*) faire demander : « Le numéro 9, qui est-ce ? » et répondre : « C'est son grand-père. » On pourra aussi, à partir du dessin, faire discuter sur les âges comme dans « À toi de jouer ! » 2.

3. Question d'âge

L'enregistrement propose une manière de parler courante (« *T'as quel âge ? T'es vieux.* »), même très courante en français parlé. Nous ne la transcrivons pas dans le texte que les élèves ont sous les yeux pour éviter qu'ils pensent qu'on écrit ainsi. Leur rappeler si besoin est qu'en français on n'écrit pas comme on parle.
Question de « savoir-vivre » à la française, à propos de l'âge : on ne demande pas son âge à un adulte, en tout cas pas à une femme. La situation proposée est donc « limite » : l'adolescent s'adresse à un homme de vingt-cinq ans, mais il l'a cru plus jeune, d'où sa surprise (« *Tu es vieux, dis donc !* »), ce qui n'arrange rien du tout du point de vue des convenances ! Les questions sur l'âge et les remarques de ce type ne sont acceptables que venant d'un enfant (et il n'est pas sûr qu'il obtienne un réponse !) ou adressées à un enfant par un adulte. On ne peut donc pas faire jouer cette conversation en *vous*.

■ « À TOI DE JOUER ! »

1. Il est pas mal !

■ Solution : — Ce n'est pas ton copain, là ?   — Il fait quoi ?   — D'accord, mais quel sport ?
— Si ! C'est mon copain.   — Qu'est-ce que tu veux dire ?   — Il aime le VTT et la moto.
— Dis donc, il est beau !   — Eh ben, comme sport.
— Oui, pas mal.   — Ah, il est très sportif.

3. Conversation sur Internet

Sur Internet, on n'écrit pas non plus comme on parle. Certes, le style se rapproche beaucoup du style parlé, mais s'ajoutent tous les phénomènes liés à la nécessité d'écrire vite : abréviations, style télégraphique, disparition de la ponctuation et des majuscules, etc. H2O est un pseudonyme (les jeunes disent *pseudo*), Manou est peut-être un diminutif (pour Emmanuelle ou un prénom composé avec Marie).

Correction et complément :

(**H2O**) Salut !
(**Manou**) Salut.
(**H2O**) *Tu es* français ?
(**Manou**) *Je suis* française.
(**H2O**) *Tu as quel* âge ?
(**Manou**) *Et toi* ?
(**H2O**) *Je suis* belge.
(**Manou**) D'accord, mais *tu as* âge ?
(**H2O**) *Et toi* ?
(**Manou**) J'ai 20 ans.
(**H2O**) Moi, j'ai 16 ans.

(**Manou**) *Tu es une* fille ?
(**H2O**) *Non*.
(**Manou**) *Quel est* ton prénom ?
(**H2O**) H2O
(**Manou**) *C'est* ton prénom ?
(**H2O**) Non, *mon prénom est* H…
(**Manou**) Hervé ? Henri ? Hubert ?
(**H2O**) *Non, Herbert*.
(**Manou**) *Et pourquoi 2O ? C'est ton nom ?*
(**H2O**) *Oui, je m'appelle Oozer, avec 2 O.*

4. On y va ?

L'intérêt de cette activité est qu'on peut discuter (d'où la colonne avec ?), ce qui renforce l'apprentissage.
À Montréal, on parle français. → *Tout le monde*, mais on peut toujours imaginer quelqu'un qui veut dire : « Quand nous sommes à Montréal, nous parlons français ».
On ne fait pas de sport à l'âge de deux ans. → *Tout le monde*
On va au cinéma ? → *Nous* mais : On va beaucoup au cinéma, dans votre pays ? → *Tout le monde*
Dans ce village, on ne regarde pas la télévision. → *Tout le monde*
Dans ma famille, on préfère le football. → ? (les deux sont possibles)
Pour aller au collège, on passe sur un pont. → ? (les deux sont possibles)
Qu'est-ce qu'on fait ? On tourne à gauche ? → ? (les deux sont possibles)

6. Questionnaire

Produire des questions adaptées à l'interlocuteur.

7. Conversation (jeu de rôle)

C'est un vrai jeu de rôle, c'est-à-dire que les élèves ne savent pas à l'avance, comme dans une authentique situation de communication, ce que dira leur interlocuteur : ils doivent l'écouter et adapter leur discours en fonction de ce qu'ils comprennent. C'est pourquoi le manuel renvoie chaque élève à des fiches qui se trouvent à des pages différentes du *Cahier d'exercices*. (Voir Fiche B p. 55, Fiche A p. 12).

Mémo (cinquième épisode) p. 88

Lecture pour le plaisir… de comprendre et de découvrir quelques faits culturels bien français : la baguette et le croissant… et le fait que les Français dans la rue ne sont pas toujours aimables, comme la dame de la quatrième image de la page 89 qui ne répond pas à la question de Thomas.

Séquence 3

Unité 13 *(p. 90-91)*

Tous les jours

TYPE DE LEÇON : ILS

Objectifs : Demander/donner une information sur la vie quotidienne. Préciser l'heure, le moment de la journée. S'informer sur des horaires (programmes, agenda).

■ OUVERTURE

• Perception de la situation

Les images permettent de comprendre qu'on parle de transports et de travail (les petites photos en encadré en bas de la page 91 montrent, l'une des Parisiens dans le métro bondé, l'autre une vue du parvis de La Défense, ensemble de bâtiments modernes au nord-ouest de Paris, dans le prolongement des Champs-Élysées).

• Explication

3. Emploi du temps 2
Emploi du temps caricatural, bien sûr, il faut bien sourire un peu à propos d'un quotidien dont les Français se plaignent souvent.

4. Métro, boulot, dodo !
Cette expression a été employée dans les années 1970 pour résumer la vie des gens de banlieue qui avaient le sentiment de n'avoir de temps que pour le travail (le *boulot en langage familier), les transports et le sommeil (*dodo en langage enfantin).

■ « ÉCOUTE »

Prononciation des jours de la semaine.

■ « JE T'EXPLIQUE... »

1. Conjugaisons

Il y a beaucoup de verbes irréguliers dans cette unité, c'est le moment de rappeler le fonctionnement du *Mémento de conjugaison* (voir p. 70).

2. Il est quelle heure ?

Faire distinguer les deux modes d'expression : l'heure officielle (employée pour les annonces d'horaires, les horloges parlantes, mais aussi quand on parle d'un horaire – « Mon train est à quinze heures quinze ») et l'heure courante (on dit généralement : « Il est trois heures et quart » ; on ne dit pas de manière courante : « Il est quinze heures quinze. » On corrigera les élèves s'ils mêlent les deux : « quinze heures et quart » ne se dit pas).
L'enregistrement fait la distinction entre les deux modes d'expression, le faire écouter puis répéter. Au besoin, faire remarquer qu'il n'est généralement pas nécessaire de préciser « du matin » ou « du soir » quand on dit l'heure qu'il est (en principe l'interlocuteur sait si c'est le matin ou le soir) alors qu'il faut le préciser si on indique un horaire : « Mon train part à 6 heures du soir ».

3. Du matin au soir

Le découpage de la journée est un fait culturel : pour les Français l'après-midi s'arrête entre 17 et 18 heures. On dit assez généralement « cinq heures de l'après-midi » et « six heures du soir » et à l'heure où les anglophones disent « saturday night » les francophones disent « samedi soir ».

4. Avant, après, vers...
Par opposition à « vers trois heures », on dit « à trois heures juste ».

5. Tout...
Dans l'expression du temps, « tout » au singulier exprime la durée; au pluriel, il indique la répétition régulière et équivaut à « chaque ». Pour les jours de la semaine, « tous les lundis » est souvent et plus simplement remplacé par « le lundi » – à distinguer de « lundi » qui signifie selon le contexte lundi prochain ou lundi dernier.

6. Ne... ni... ni...
Mis en œuvre dans le « À toi de parler ! » 5.

7. Tôt ≠ tard/en avance ≠ en retard
Si la question se pose : n'être ni en avance, ni en retard, c'est « être à l'heure » qui n'a pas été indiqué ici pour ne pas alourdir une leçon déjà riche en nouveautés. Peut être pratiqué avec une micro-conversation supplémentaire proposée ci-dessous (« À toi de parler ! » 5).

8. Toujours ≠ ne... jamais
Si les élèves ont tendance à dire « ne... pas jamais », leur faire faire cette micro-conversation :

— Moi, je mange très souvent au restaurant. Et vous ? — Eh bien moi, je ne mange jamais au restaurant.	**Manger au restaurant** → aller au cinéma, regarder la télévision, écouter la radio, prendre le bus...

9. De/à ; jusqu'à
Selon la langue des élèves, il peut être difficile pour eux de comprendre qu'on dit de « cinq à sept heures » dans lequel « à » signifie « jusqu'à », sens différent dans « Je pars à cinq heures ».

■ « À TOI DE PARLER ! »

1. Tu as l'heure ?
À faire après l'écoute de l'enregistrement du « À toi de parler ! » 2.

2. Il part à quelle heure ?
À faire après l'écoute de l'enregistrement du « À toi de parler ! 2. On peut ajouter la micro-conversation suivante pour faire pratiquer le « À toi de parler ! 7 :

— Le train part à quelle heure ? — À dix heures trente. — Et il est quelle heure ? — Dix heures et quart. — Oh ! Dépêchons-nous ! On est en retard !	10:30 → 15:15, 13:45, 18:25, 21:35, 22:20... 10 h 15 → 3 h 10, 1 h 40, 6 h, 9 h 15, 9 h 30 **Oh ! Dépêchons-nous ! On est en retard !** → Ça va, on a le temps. / on est en avance.

3. Quand ?
Mise en pratique du « Je t'explique... » 4.

4. Vous arrivez à quelle heure ?
Permet de réviser l'article avec la préposition à (à la, au, à l').

5. Ni ici, ni là !
Mise en pratique du « Je t'explique... » 6, qui fait réviser les prépositions de localisation :
— Tu vas au cinéma ou à la discothèque ?
— Ni au cinéma ni à la discothèque : je préfère aller à l'opéra.

— *Tu dors là ou à l'hôtel ?*
— *Ni là ni à l'hôtel : je préfère dormir à la maison.*
— *Tu lis dans le fauteuil ou sur une chaise ?*
— *Ni dans le fauteuil ni sur une chaise : je préfère lire dans mon lit.*

■ « À TOI DE JOUER ! »

1. L'agenda d'Élodie
À faire jouer à deux. On peut donner plus de réalisme au jeu en demandant à l'élève qui joue l'ami(e) de ne pas regarder l'agenda, et de noter l'emploi du temps de la semaine d'Élodie.

2. Moi, lundi, je...
Prolongement de l'activité précédente, les élèves devant cette fois dire leur propre emploi du temps réel ou imaginaire : le fait de présenter un emploi du temps imaginaire (et, pourquoi pas, un peu farfelu) peut inciter l'autre à l'écouter.

3. Enquête : la journée-type de...
À jouer à deux, chacun donnant l'emploi du temps d'une personne à l'autre qui pose des questions. On peut donner une grille « à trous » aux apprenants, à remplir en posant des questions. (Voir les grilles à reproduire p. 71.)

4. À l'aéroport

> **Transcription de l'enregistrement (solution). À faire jouer de mémoire après audition**
>
> — Excusez-moi, vous avez l'heure ?
> — Oui, il est onze heures.
> — Du soir ?
> — Mais non, du matin !
> — Vous croyez ?
> — Mais oui, bien sûr !
> — Excusez-moi, mais j'arrive de Nouméa en Nouvelle-Calédonie.
> — De Nouvelle-Calédonie ? Ah, je comprends !
> — Oui, là-bas, il est onze heures plus treize, il est minuit !
> — Et ça prend combien de temps pour arriver ici ?
> — Vingt heures.
> — Vingt heures ! C'est fatigant, non ?
> — Oui. Bon, au revoir, bonne nuit !
> — Non, bonne journée, vous voulez dire !

C'est le problème du décalage horaire qui est évoqué ici : 13 heures de différence entre Nouméa (photo de gauche) et Paris.

5. Enquête
On peut demander aux élèves interrogés de jouer leur propre rôle, un rôle imaginaire ou un rôle repris de la grille de l'activité 3.

Civilisation *(p. 97)*

Les collégiens de la région de Toulouse

Voir suggestion d'animation p. 49.

Unité 14 *(p. 98 à 103)*

⚫→🔊 *La valise grise* (troisième épisode)

TYPE DE LEÇON : VOUS
Objectifs : Demander/donner une information sur son état de santé. Demander/donner une opinion, un conseil.
Parler de soi, c'est aussi parler de sa santé.

■ OUVERTURE
Ce troisième épisode de la bande dessinée *La valise grise* est aussi à lire à deux niveaux. Au premier niveau, on y trouve une visite chez un médecin, une conversation entre deux amies sur la santé de l'une d'elles, suivie d'une consultation, un appel téléphonique à un médecin et une visite d'un médecin au domicile d'un malade. Au deuxième niveau, on constate que le Barbu, personnage encore plus mystérieux qu'aux épisodes précédents, utilise des moyens peu recommandables pour se rapprocher de monsieur Raffin, alias Antoine... Dans quel but ?

• **Perception de la situation**
Faire repérer les différents moments et, l'explication terminée, les faire rejouer après quelques écoutes.

• **Explication**
Quelques éléments d'ordre socioculturel : le caducée (emblème des médecins) sur le pare-brise, le panneau d'entrée de métro parisien, la plaque du médecin à l'entrée de l'immeuble. En France, on n'appelle couramment « docteur » que les médecins (on ne donne pas ce titre à des docteurs ès lettres ou ès sciences).

■ « ÉCOUTE »
Étude de l'intonation : sa représentation par des flèches est très imparfaite. Rendre les élèves attentifs à l'insistance sur le vraiment : *Ça ne va vraiment pas ?*

■ « JE T'EXPLIQUE... »
1. Conjugaison

2. Questions de santé
Tableau d'actes de parole à exploiter selon la technique décrite p. 46, mais il sera sans doute plus intéressant de le faire après avoir travaillé les autres « Je t'explique... ».

3. Mieux ≠ moins bien
Après le comparatif de l'adjectif (unité 11), le comparatif de l'adverbe *bien* ne devrait pas poser de problème... à condition que soit bien assimilée la différence entre *bon* et *bien* (et par voie de conséquence celle entre *meilleur* et *bon*). L'explication par la nature grammaticale (adjectif/adverbe) ne suffit généralement pas (d'autant qu'on peut dire « il est bien »...). Présenter en parallèle : *Il prend un bon repas/il mange bien, il fait un bon travail/il travaille bien.*

Séquence 3

4. Pour conseiller
Les conseils sont pratiqués dans les « À toi de parler ! » 2 et 3.

5. Beaucoup/trop/pas assez...
Bien faire saisir la différence entre « trop » et « beaucoup ». Même si, dans le langage des jeunes « trop » se substitue à « très » ou à « beaucoup » en perdant son sens d'excès (« Il est trop bien, ce film ! »), c'est encore un nuance importante.

6. Avoir mal
Comme pour *avoir froid, chaud, peur, faim...* on veillera à éviter que s'installe l'habitude d'utiliser le verbe *être*.

7. Depuis...
Depuis permet d'exprimer la durée ou de désigner le point de départ de cette durée. Il sera repris dans *Déclic 2* avec l'introduction du passé composé par opposition à « il y a ».

8. Avoir envie de...
« Avoir envie » et « avoir sommeil » viennent s'ajouter à la liste des expressions des états physiques et mentaux utilisant le verbe avoir.

■ « À TOI DE PARLER ! »

1. Ça va ?
Pour éviter que les élèves « s'endorment », c'est-à-dire ne prêtent plus attention au sens, deux des stimuli sont de sens positif (« être en vacances, en forme »), ce qui oblige l'élève à changer la phrase en : « Oui, je me sens **bien**, je suis en vacances. » Suggérer aux élèves pendant l'exercice de trouver d'autres stimuli positifs ou négatifs en fonction de leurs goûts : « Je suis à la montagne, ... à la discothèque. »

2. Docteur !
Là encore il faut réfléchir avant d'appliquer automatiquement le stimulus : il faut prendre des médicaments ou arrêter de prendre des médicaments ? Inciter les élèves à varier les réponses, pourvu que ce soit des conseils.

3. On passe par où ?
Expression de conseils à propos d'itinéraires. Ne pas chercher systématiquement une vraisemblance géographique : la phrase finale, étonnée (« Ah bon ? On doit passer par Orléans ? ») peut très bien s'appliquer à une proposition d'itinéraire très farfelue. On peut, à titre de révision, étendre la conversation aux moyens de transport en la modifiant un peu :
— Pour aller à Paris, il faut prendre le train ?
— Oui, tu peux prendre le train, mais c'est mieux d'y aller à vélo.
— Ah bon ? On peut y aller à vélo ?

■ « À TOI DE JOUER ! »

1. Qu'est-ce que vous avez ?
On pourra soit parler en « il » (« il a mal »), soit en « je », auquel cas on pourra faire répondre par des conseils

2. Une bonne grippe
« Bonne » dans « une bonne grippe », signifie (par antiphrase) une grippe assez grave qu'il faut soigner. On peut faire jouer la conversation après un temps de réflexion (sans écrire !) par deux élèves, deux fois de suite avec changement de rôle.

3. Écoutez la conversation...

> **Transcription de l'enregistrement**
> — Oh, dis donc, tu ne vas pas bien, toi !
> — Non, c'est vrai, je ne me sens pas bien.
> — Tu es malade, je crois.
> — Oui, j'ai un peu mal à la tête et aussi au ventre.
> — Tu ne dois pas rester comme ça, tu sais.
> — Qu'est-ce que je peux faire ?
> — Tu dois appeler un médecin.
> — Bof, je n'ai pas envie d'appeler un médecin.
> — Mais pourquoi ? Il faut te soigner !
> — Oh moi, tu sais, les médecins et leurs médicaments...
> — Ah ? Pour toi, les médecins sont dangereux pour la santé ?
> — C'est ça, et je n'ai pas envie d'aller plus mal, alors je reste au lit et je dors, voilà !

4. Publicités

Faire imaginer des publicités en forme de conseils : « Vous avez envie d'avoir froid ? Il faut aller en Norvège ! »

Puis les faire lire, ou mieux, si c'est possible, les afficher pour consultation par tous.

La publicité pour le Berry (photographiée dans une station de métro, lieu qui n'est pas réputé pour la qualité de son air) a pour texte un jeu de mots « air.t.t. » allusion à la R.T.T., c'est-à-dire la réduction du temps de travail, temps libre gagné du fait de l'application de la loi des 35 heures de travail par semaine. Le thème de l'air est repris dans « Depuis long-temps dans l'air du temps » (être dans l'air du temps = être à la mode).

5. Rendez-vous chez le médecin

Simulation classique de conversation téléphonique pour prise de rendez-vous, à faire jouer plusieurs fois en variant et/ou compliquant un peu les choses : B est dentiste, A insiste pour venir le jour même (il a très mal) ; A est très malade et demande au médecin de venir chez lui, etc.

Mémo (sixième épisode) p. 104-105

Avant-dernier épisode de cette bande dessinée à lire pour le plaisir... et qui permet d'annoncer l'unité suivante : « Bon appétit ! »

Séquence 3

Unité 15 *(p. 106 à 111)*

Bon appétit !

TYPE DE LEÇON : TU

Objectifs : Demander/donner des informations sur ses habitudes, et ses goûts. Donner des conseils ou des recommandations.

Un manuel de français ne pouvait pas se terminer sans une leçon sur la nourriture... Mais la célèbre gastronomie à la française n'est pas toujours au rendez-vous de la réalité quotidienne.

■ OUVERTURE

• **Perception de la situation**

Les illustrations (et le titre) permettent de comprendre qu'il va être question d'alimentation.

• **Explication**

Les dialogues étant assez longs, il sera vraiment utile d'alterner, comme conseillé en début de ce livre, les moments de découverte des dialogues avec d'autres activités (« À toi de parler ! » ou même « À toi de jouer ! »).

■ « ÉCOUTE »

On termine par une comptine, qui permet de travailler l'intonation.

■ « JE T'EXPLIQUE... »

2. Du, de la, de l', des...

Le partitif est présenté ici en opposition à l'article défini. Pour les élèves dont la langue ne fait pas la différence entre les notions de « générique » (« **La** viande est bonne pour la santé ») et de « quantité non dénombrable » (« Je mange souvent **de la** viande ») il faudra faire percevoir le sens : la valeur générale du défini (« J'aime **le** chocolat en général », sans qu'il soit question de quantité), alors que « Je mange **du** chocolat » suppose que j'en mange une certaine quantité. Le problème vient parfois de ce que certains mots ont deux acceptions, l'une dénombrable et l'autre non : *du café (non dénombrable)/un café = une tasse de café (dénombrable); du chocolat/un chocolat = un bonbon au chocolat, idem avec pain, bière, etc.*

Mise en pratique dans les « À toi de parler ! » 1, 3, 4 et surtout 5. Faire comprendre que le partitif s'utilise aussi pour des activités (chercher du travail, faire du sport, de la musique, du vélo...) ou d'autres choses (de la fièvre, de l'argent, de la pluie, toutes choses qu'on ne peut pas compter mais avec lesquelles on peut utiliser beaucoup ou un peu.

3. Le pronom *en*

Le pronom *en* est pratiqué dans les « À toi de parler ! » 2 et 5. On ne pratiquera pas ici son emploi comme complément de lieu (« il en vient »), ni avec les expressions comme « avoir » « envie », « besoin »... (seulement en compréhension dans l'ouverture).

4. L'impératif

Il est présenté dans son emploi de conseil (on a peu l'occasion de donner des ordres) et mis en pratique dans « À toi de parler ! » 3.

5. Combien de…/d'…
Nous laissons pour *Déclic 2* l'emploi du pronom *en* avec ces expressions (« Vous en voulez combien ? J'en ai beaucoup »), et ne le présentons qu'avec « ne… plus » à l'item suivant.

6. Encore ≠ ne plus
Mise en pratique dans « À toi de parler ! » 4.

■ « À TOI DE PARLER ! »

1. Oui, merci, je veux bien.
Permet de pratiquer le partitif et de réviser le possessif. Faire enchaîner :
— *Tu veux encore de l'eau ?*
— *Oui, merci, je veux bien. Ton eau est bonne ! Et toi, tu veux encore de la soupe ?*
— *Oui, merci, je veux bien. Ta soupe est bonne ! Et toi, tu…*

2. Moi, j'en fais beaucoup !
La micro-conversation commence avec un partitif que les élèves découvriront : celui des expressions « faire du sport, de la bicyclette, du cheval, de la musique, du théâtre ». On peut ajouter ces éléments aux stimuli.

3. C'est vrai ?
Mise en œuvre de l'impératif. On peut prolonger la conversation par :
— *Mais pourquoi est-ce que je dois boire de l'eau ? — Bois de l'eau, je te dis !*

4. Il y en a encore ?
Utilisation du pronom « en » avec la négation « ne… plus ». On incitera à veiller au sens de ce qu'on dit en choisissant la réponse « non », « oui », « oui merci » ou « non merci ». On peut aussi reprendre le « À toi de parler ! » 1 en faisant répondre négativement : « Non, merci, je n'en veux plus ».

5. Qu'est-ce que c'est ?
Permet de reprendre le partitif en opposition avec le défini (« Je mange de la soupe », « J'aime la soupe ») ainsi que le pronom *en*.

■ « À TOI DE JOUER ! »

1. Ils ont des goûts bizarres !
Conversation-jeu proche de la micro-conversation, à faire reprendre en enchaînant :
— *Moi ? Pas du tout ! Moi, le matin, je mange de la viande./— De la viande le matin ?!/*
— *Mais oui,* etc.
Les élèves pourront imaginer : *Je bois de la bière, je mange de la soupe…*

2. Au contraire

> **Transcription des enregistrements (solution)**
> a. — *Elle parle vite, n'est-ce pas ?*
> — *Non, au contraire, elle parle lentement.*
> b. — *Il y a trop de pain !*
> — *Au contraire, il n'y en a pas assez !*
> c. — *La soupe n'est pas froide ?*
> — *Non, elle est assez chaude.*
> d. — *Il y a encore beaucoup de fruits !*
> — *Au contraire, il n'y en a plus, je crois.*

3. Logo-rallye
■ SOLUTION POSSIBLES
a. Vos yaourts sont vraiment très bons, mais je n'ai vraiment plus faim, merci.
b. Je n'ai pas encore assez faim : je dîne en général plus tard, le soir.
c. Elle déteste les discothèques et préfère rester chez elle le samedi soir avec ses amis.
d. Pour aller chez moi, il ne faut pas aller jusqu'au carrefour, mais vous devez tourner juste avant, à droite.

4. L'interview de Laura Perrier

Laura Perrier n'existe pas, mais les élèves pourront imaginer qu'il s'agit d'une sportive, d'une actrice ou d'une chanteuse célèbre.

C'est la première fois qu'apparaît ce type d'exercice de transposition qu'on retrouvera dans *Déclic 2*.

5. Jeu de rôle

Vrai jeu de rôle dans lequel les joueurs, comme dans la vie réelle, ne savent pas à l'avance ce que l'autre leur dira. De ce fait, si on veut laisser aux élèves un temps de préparation, on mettra ensemble ceux qui doivent jouer le même rôle. Voici les fiches telles que les élèves peuvent les trouver dans le *Cahier d'exercices* p 12 et p. 55.

> **FICHE DE RÔLE B**
> Avec vos parents, vous êtes des touristes en France. Vos parents ne parlent pas français. Vous entrez dans un restaurant. Vous avez très faim et vous avez très envie de manger une spécialité française.
>
> **FICHE DE RÔLE A**
> Vous travaillez dans le restaurant. Une famille de touristes arrive. Le fils/la fille seulement parle français. Vous avez envie de parler avec lui/elle, mais il ne reste rien à manger parce qu'il est trop tard : le restaurant ferme à 14 heures et il est 13 h 45.

6. L'interview de Nicolas Deferre

Activité symétrique de la 4, Nicolas Deferre n'existe pas plus que Laura Perrier. L'article sur elle servira de modèle pour la rédaction de la suite de l'article.

> ### Transcription de l'enregistrement
>
> *Nicolas, vous êtes un grand sportif, tout le monde vous connaît. Et vous êtes toujours en pleine forme !*
> — C'est vrai que je suis en forme, oui, mais…
> — *Comment vous faites ?*
> — Pour être en forme ? Oh ! C'est très simple, vous savez. D'abord je fais beaucoup de sport, bien sûr, au moins 6 heures par jour, tous les jours. Je ne sors pas beaucoup : je sors le soir seulement une fois par semaine, je dors beaucoup, je mange bien mais jamais trop.
> — *Vous mangez des sucreries ?*
> — (Il rit). Oui bien sûr, j'adore ça ! Mais pas trop, je fais attention.
> — *Vous fumez ?*
> — Non, bien sûr. Mais attention ! Je vis bien et j'aime bien vivre ! J'ai des amis, j'aime beaucoup de choses, je lis, je ne m'ennuie jamais…. La vie est belle, quoi !
> — *Merci beaucoup, Nicolas.*
> — Je vous en prie. Au revoir.

Civilisation *(p. 112-113)*

Les Français

■ LES FRANÇAIS VUS DE L'ÉTRANGER

Selon la technique du travail de groupe sur un texte, présentée p. 49, on peut ici demander aux élèves de faire la liste des clichés à propos du « Français moyen », desquels le texte invite à se méfier (l'idée du Français moyen est le résultat de statistiques) : il correspond à ce que les Français sont majoritairement, et pour répondre à la question posée par le texte, on peut dire qu'il n'y a pas, d'une manière générale, de *citoyens moyens* mais *des citoyens*, qui, dans certains domaines, sont comme la majorité des autres.

■ DÉCRIVEZ LES FRANÇAIS MOYENS D'APRÈS LE TEXTE

On peut deviner d'après le texte que les « Français moyens » :
• sont de religion catholique (68 % seulement des Français) ;
• ont un nom français (Martin, Dupont…) : regardez une page d'annuaire ou cherchez un nom étranger dans un département très peuplé (13, 75, 69) sur le site : http://www.pagesjaunes.fr ;
• parlent français (c'est vrai, mais un certain nombre parlent aussi une langue régionale, voir p. 113 du livre élève) ;
• ont un béret basque : c'est un vieux cliché, le béret a presque disparu ;
• boivent du vin : c'est toujours vrai, mais en constante diminution, du fait des changements d'habitudes alimentaires et des contrôles sur la conduite sous l'emprise de l'alcool. Rappelons que si, d'après les statistiques, les Français restent les plus gros consommateurs de vin, ils sont aussi les plus gros buveurs d'eau minérale et boivent bien moins de bière que beaucoup d'autres peuples ;
• aiment les chansons françaises : vrai et faux. La chanson française est bien vivante (on s'en rendra compte à l'utilisation de *Déclic 2* et *3*) mais la chanson inspirée des traditions d'autres pays (Afrique et Moyen-Orient surtout), la chanson anglo-saxonne et beaucoup d'autres musiques sont présentes à la radio ;
• sont agriculteurs pour une part importante : faux ! Il reste dans les souvenirs des Français (à cause des vieux manuels scolaires et de la littérature) l'idée que la France vit au rythme saisonnier des agriculteurs comme dans la première moitié du XXe siècle, mais le nombre de paysans a énormément diminué depuis ;
• ont été les champions du monde de football en 1998. C'est faux, mais tous les Français le croient ! Ils croient en effet qu'ils ont été les champions, or ce n'est pas eux, mais seulement leur équipe nationale qui a remporté la Coupe du monde ! Et si leur cri de victoire est « cocorico ! » (le cri du coq), c'est qu'ils se réfèrent à un très vieux cliché venu d'un jeu de mot basé sur l'homonymie, en latin, de coq et de Gaule (*gallus*).

■ GÉOGRAPHIE DES LANGUES EN FRANÇAIS

a. *Minner schneider isch risch* : alsacien
b. *U me taillore e ricchu* : corse
c. *Pinvidik eo va c'hemener* : breton
d. *Myn klees maker ess rycke* : flamand
e. *Lo meu talhur es ric* : catalan
f. *Ene dendaria aberatsa da* : basque

La phrase « Mon tailleur est riche » (« *My tailor is rich* ») est une phrase célèbre, car c'était la première phrase qu'apprenaient les étudiants (quelle que soit la langue qu'ils étudiaient), dans une méthode de langue très connue des années cinquante, et dont Ionesco s'est inspiré pour *La Cantatrice chauve* : la méthode Assimil.

Séquence 3

■ INTERVIEW D'UN JEUNE FRANÇAIS *(p. 113)*

Transcription de l'enregistrement :

— Valentin, vous avez quel âge ?
— J'ai 16 ans.
— Et vous avez un piercing au-dessus de l'œil ?
— Oui.
— Depuis combien de temps ?
— Un an. Euh… exactement 9 mois.
— Il y a beaucoup de jeunes qui ont des piercings ?
— Oui, beaucoup de jeunes différents ont des piercings. Ça fait jeune, euh… ça fait très jeune, ça fait très cool, c'est… euh… c'est la mode.
— Est-ce que vous avez aussi un tatouage ?
— Non, pas encore. Mais j'ai envie, et je pense m'en faire un ensuite.
— Ensuite. Pourquoi « ensuite » ?
— Parce que maintenant, je suis trop jeune. Il faut attendre un peu. Mais à 19-20 ans, je vais me faire un tatouage sur le bras gauche.
— Le bras gauche ? Et vous savez déjà quel tatouage ?
— Ah oui, le dessin, oui.
— Et vous avez beaucoup de copains avec un tatouage ?
— Non, c'est pas comme le piercing, il y a moins de jeunes avec un tatouage…. Mais c'est joli. En été, on voit les tatouages… On a un style !
— On a quel style, avec un tatouage ?
— Euh, un petit tatouage, ça fait chic. Moi, j'aime bien…

Mémo (septième épisode) p. 114-115

Puisque c'est la fin de l'histoire, on peut demander de rédiger, par petits groupes, un récit ou un article de type « faits divers ».

■ LECTURE *(p. 116-117)*

Rencontre

Lecture pour le plaisir de comprendre. Il s'agit de la première lecture qui ne soit pas en bande dessinée. Elle est prévue pour l'entraînement à la « lecture pour le plaisir ». Le texte a trait à la rencontre de jeunes étrangers apprenant le français en France.

Préparation au DELF (3) *(p. 118)*

1. Annonces à l'aéroport

> 👁👁 *Transcription de l'enregistrement*
> a. Attention : pour le vol IB 430, nouvelle heure de départ : 7 h 45
> Attention : pour le vol IB 430, nouvelle heure de départ : 7 h 45
> b. Attention : pour le vol AF 76, nouvelle heure de départ : 11 h 56
> Attention : pour le vol AF 76, nouvelle heure de départ : 11 h 56
> c. Attention : pour le vol LU 85, nouvelle heure de départ : 15 h 17
> Attention : pour le vol LU 85, nouvelle heure de départ : 15 h 17

2. Le matin

> 👁👁 *Transcription de l'enregistrement*
> — Vous allez au collège comment ?
> — À vélo. C'est trop loin pour y aller à pied.
> — En hiver aussi ?
> — Oui.
> — Et vous partez de chez vous à quelle heure ?
> — Le matin, à 7 heures et demie, 8 heures moins le quart, à peu près.
> — Vous retournez à la maison pour manger ?
> — À midi ?
> — Oui.
> — Non, je déjeune à l'école.
> — C'est bon ?
> — C'est pas comme à la maison, mais… oh, ça va…

Évaluation séquence 3 *(p. 119)*

1. 👥 Expression orale

— Vous vous appelez comment ?
— **Noraz, Jacques Noraz.**
— Qu'est-ce que vous faites ?/ Quelle est votre profession ?
— **Je suis ingénieur.**
— Quel est votre numéro de téléphone ?
— **01 45 67 89 09.**
— Vous avez mal où ?
— **Au dos.**
— Depuis quand ?
— **Depuis une semaine.**
— Vous travaillez où ?
— **Dans une petite usine.**
— Vous travaillez beaucoup ?
— **Oui, je travaille beaucoup.**
— Vous travaillez aussi le week-end ? Le samedi et le dimanche ?
— **Non, pas le samedi, ni le dimanche.**
— Vous vous couchez tard ?
— **Non, tôt : je suis au lit à 10 h, tous les soirs.**
— Vous prenez des médicaments ?
— **Des médicaments ? Non, je n'en prends jamais.**

2. Connaissance de la langue

1. — Je bois **de l'**eau minérale et je mange **des** fruits, beaucoup **de** fruits.
— Vous **buvez** beaucoup **d'**eau minérale ?
— Oui, j'ai toujours très **soif**.
2. — Vous **vous levez** tôt le matin ?
— Oui, à 6 h Je pars **de la** maison à 7 h et j'arrive **au** bureau à 7 h 30.
— Le dimanche aussi ?
— Non. Le dimanche, je me lève **tard**.

Séquence 3

Mémento grammatical *(p. 120 à 123)*

Ce mémento récapitule un certain nombre de faits grammaticaux de manière synthétique, ce que les « Je t'explique… » ne peuvent pas faire. Il est à utiliser comme un outil de référence (au même titre qu'un dictionnaire), et il n'y a donc pas lieu de faire un travail particulier à son propos, sauf pour montrer comment on s'en sert.

• Les déterminants
Tableau synoptique qu'il n'y a pas lieu de travailler particulièrement, mais y renvoyer les élèves lorsqu'on constate dans leurs écrits une difficulté morphologique dans ce domaine. Ce tableau ne résout rien pour l'emploi à l'oral (c'est plutôt aux « À toi de parler ! » qu'il faut renvoyer), ni pour ce qui concerne le choix de l'article (par exemple défini ou indéfini).

• L'interrogation
Récapitulation des différentes tournures, à n'utiliser que si le besoin s'en fait sentir.
C'est souvent la tournure avec « est-ce que » qui pose problème (difficulté à placer « est-ce que » dans la phrase), et on constate souvent la confusion entre « est-ce que » et « qu'est-ce que ? »
Pour cette confusion, faire transformer des phrases :
— Il fait quoi ? → Qu'est-ce qu'il fait ?
— Il dort ? → Est-ce qu'il dort ?

• L'accord et la place des adjectifs qualificatifs
À consulter en cas de difficulté.

• La conjugaison du français parlé
Nous avons souhaité proposer un outil efficace et permettant d'aider la mémorisation. Pour l'efficacité, nous avons renoncé aux trois groupes traditionnels, qui ne sont pas d'une grande utilité pour les élèves non francophones et qui sont même trompeurs : ils laissent croire à l'absolue régularité des verbes en -er, alors que « acheter » et « appeler », par exemple, sont des verbes à deux bases : achet-/achèt- ; appel-/appell-.
Nous avons donc classé les verbes selon leur nombre de bases (orales). Ce sont ces formes qui sont à mémoriser et non toutes les six personnes de la conjugaison, ce qui évite de charger inutilement la mémoire. En effet, quand on connaît les bases d'un verbe, on peut sans difficulté retrouver toute la conjugaison, les terminaisons étant régulières :

verbes en *-er* :	– autres verbes	– verbes *pouvoir, vouloir*
je *-e* tu *-es* il *-e*	je *-s* tu *-s*	je *-x* tu *-x*
	il *-t* (ou *-d* pour les verbes en *-dre*)	
nous *-ons* vous *-ez* ils *-ent*		

Ainsi, pour retenir un verbe comme « boire » (4a) il faut retenir seulement : *bois – buvons – boivent* ; et pour un verbe comme « lire » : *lis – lisons*.
Les quatre verbes qui font exception à ces règles sont présentés en début de tableau et sont, eux, à mémoriser intégralement.
Dans le lexique, les verbes réguliers (en *-er*) à une seule base ne sont pas repérés, les autres sont marqués d'un C suivi d'un numéro qui renvoie aux tableaux.

Grilles photocopiables pour « À toi de jouer ! » 3 *(p. 94)* (unité 13)

A

Nom et profession	se lève à	arrive au travail à	déjeune	rentre chez lui/elle à	après le dîner	se couche vers
Jean Gibain *ingénieur*	07:00	08:30	restaurant	17:30	journal	23:00
Cécile Béranger *secrétaire*	07:45	09:00	cafétéria	18:15	télévision	23:30
Yves Linard *photographe*	06:30	08:15	à la maison	20:00	copains travail	22:30
Solange Rigaud *médecin*						
Isabelle Banois *employée*						
Gilles Lobrot *architecte*						

B

Nom et profession	se lève à	arrive au travail à	déjeune	rentre chez lui/elle à	après le dîner	se couche vers
Jean Gibain *ingénieur*						
Cécile Béranger *secrétaire*						
Yves Linard *photographe*						
Solange Rigaud *médecin*	07:00	10:00	hôpital	19:00	lecture	23:15
Isabelle Banois *employée*	06:15	08:00	cafétéria	18:15	télévision famille	22:30
Gilles Lobrot *architecte*	07:30	8:45	restaurant	17:30	théâtre, cinéma	24:00

LES CORRIGÉS

CORRIGÉS DES EXERCICES DU *CAHIER D'EXERCICES*

Unité 1 « C'est parti ! » (p. 4-5)

La France
A. Où est la France ? *6*
B. Où est le drapeau français ? *2 (bleu-blanc-rouge)*
C. C'est en France ?
Oui : 1 (Notre-Dame de Paris), 3 (la tour Eiffel), 5 (voir ci-dessous).
Non : 2 (l'Atomium de Bruxelles), 4 (la Place Rouge à Moscou), 5 (« La liberté éclairant le monde » à New York, statue offerte par la France aux États-Unis, et dont il existe un exemplaire plus petit à Paris).

Le français
D. C'est du français ? *Oui : 3 et 5.*
E. Écoutez, c'est du' français ? *Oui : 4 et 7.*

Unité 2 « Tu parles français ? » (p. 6-7)

A. Masculin ou féminin ?

	Masculin	Féminin
Je suis portugaise.		✓
Je suis marocain.	✓	
Tu es canadienne ?		✓
Tu es danoise ?		✓
Tu es allemande ?		✓
Je suis belge.	✓	✓
Tu es espagnole ?		✓
Je suis grec.	✓	

B. Reliez le début et la fin des mots.
1. ➡ C — 2. ➡ A — 3. ➡ D ou E — 4. ➡ B — 5. ➡ F — 6. ➡ G — 7. ➡ D ou E

C. Nationalités

Masculin	Féminin	
	✓	Tu es française ?
✓	✓	Tu es suisse ?
✓		Tu es américain ?
✓	✓	Tu es belge ?
✓	✓	Tu es grec(que) ?
	✓	Tu es marocaine ?
✓		Tu es danois ?
✓		Tu es portugais ?

D. Complétez le dialogue.
— Tu es *français(e)* ?
— Non, je *suis allemand(e)*.
— Tu *parles français* ?
— Bien sûr !

E. Écrivez un autre dialogue sur le même modèle.
— Tu es *français(e)* ?
— Non, je *suis allemand(e)*.
— Tu *parles français* ?
— Bien sûr !

F. Jouez ou écrivez un dialogue avec tous ces mots et seulement ces mots :
— *un peu. – Tu – français ? – Non, – Oui, – suis – es – espagnole. – je – parles – française ? – Tu.*
— *Tu es française ?*
— *Non, je suis espagnole.*
— *Tu parles français ?*
— *Oui, un peu.*

G. Quel désordre !
— *Tu es canadienne ?*
— *Non, je suis anglaise.*

H. Logorallye
Réponse possible :
— *Tu es italienne ?*
— *Quoi ?*
— *Tu es italienne ?*
— *Oui.*
— *Alors tu parles italien ?*
— *Bien sûr. Et toi ?*
— *Moi, non.*

Unité 3 « Salut ! » (p. 8-9)

A. Retrouvez l'ordre des répliques de ce dialogue.
1. *Bonjour. Tu es suédois ?*
2. *d. Non. Et toi, tu es suédoise ?*
3. *e. Non, je suis espagnole. Tu parles espagnol ?*
4. *g. Non, je ne parle pas espagnol. Et toi, tu parles suédois ?*
5. *h. Oui.*
6. *f. Ça va ?*
7. *c. Non, ça ne va pas très bien. Et toi ?*
8. *a. Moi, ça va bien, merci !*

B. Qu'est-ce qu'ils se disent ?
Dessin 1, réponse possible :

Ça va ?
Bien, merci.

Salut !
Ça va bien. Et toi

Dessin 2, réponse possible :

Tu parles espagnol
Moi oui, je parle
Espagnol et italien.

Non ! Et toi ?
Moi, je parle très
bien italien.

C. Complétez ces prénoms français. Avec ces lettres, quel autre prénom vous trouvez ?
1. *G* comme *G*aëlle
2. *U* comme J*u*lien
3. *I* comme N*i*colas
4. *L* comme Cé*l*ine
5. *L* comme Auré*l*ie
6. *A* comme M*a*thieu
7. *U* comme Pa*u*l
8. *M* comme É*m*ilie
9. *E* comme Mari*e*

➡ GUILLAUME

LES CORRIGÉS

D. Faites un dialogue avec tous ces mots et seulement ces mots.
Tiens, – Pas mal, – Ça va ? – salut – Et toi, – merci. – Céline ? – Loïc ! – bien. – Très.
— Tiens, salut Loïc ! Ça va ?
— Très bien. Et toi, Céline ?
— Pas mal, merci.

E. Sur le même modèle, imaginez un dialogue de 4 à 5 répliques.
— Tiens, salut Luc !
— Salut Émilie !
— Ça va ?
— Moi, ça va bien, et toi ?
— Ça va bien, merci.

F. Salut
1. Tiens, salut Julie ! Ça va ?
— Ça va.
2. Salut, Anne. Ça va ?
— Ça va très bien !
3. Tiens, bonjour Fanny ! Ça va ?
— Pas mal, et toi ?
4. Bonjour Benoît !
— Salut Valérie ! Ça va bien ?
5. Salut Gaëlle. Ça va ?
— Bien et toi ?/Pas mal, merci !

G. Masculin ou féminin ?

	Masc.	fém	ne sait pas
1	✓		
2		✓	
3		✓	
4			✓
5		✓	
6	✓		
7		✓	

H. Ça va ?

	☺	☹
1	✓	
2		✓
3	✓	
4		✓
5	✓	
6	✓	
7		✓

I. Logorallye
— Tiens, salut Loïc ! Tu vas bien ?
— Oui, pas mal et toi ?
— Ça va bien, merci.

Unité 4 « Je m'appelle Élodie » (p. 10-13)

A. Mettez les phrases à la forme négative.
1. Tu es française. → *Tu n'es pas française.*
2. Je parle allemand. → *Je ne parle pas allemand.*
3. Ça va très bien. → *Ça ne va pas très bien*
4. Ils sont américains. → *Ils ne sont pas américains.*
5. Elle s'appelle Martine Legrand. → *Elle ne s'appelle pas Martine Legrand.*
6. Elles sont d'Athènes. → *Elles ne sont pas d'Athènes.*
7. Ça s'écrit comme ça se prononce. → *Ça ne s'écrit pas comme ça se prononce.*

B. Complétez avec la forme convenable du verbe.
1. Tu *es* marocain. (suis/es)
2. Je *parle* néerlandais. (parle/parles)
3. Tu t'*appelles* Marie. (appelle/appelles)
4. Tu n'*es* pas anglais ? (es/suis)
5. Je ne m'*appelle* pas Françoise. (appelle/appelles)

C. Répondez négativement aux questions :
Tu es française ?
Non, *je ne suis pas française.*
Tu parles espagnol ?
Non, *je ne parle pas espagnol.*
Ça s'écrit avec deux « t » ?
Non, *ça ne s'écrit pas avec deux « t ».*
Tu t'appelles Jules ?
Non, *je ne m'appelle pas Jules.*
Tu parles d'autres langues ?
Non, *je ne parle pas d'autres langues.*
Tu comprends ?
Non, *je ne comprends pas.*

D. OUI ou NON ?

	Oui	Non
1		✓
2	✓	
3		✓
4		✓
5	✓	
6	✓	
7		✓

E. Comment ça s'écrit ?
1. C.A.N.A.D.I.E.N.N.E.
2. WINNIPEG
3. CHRISTINE
4. JEAN-JACQUES
5. SAINT-DIÉ
6. HERBEYS
7. CHALON

F. DE ou D' ?

	de	d'	
1	✓		Paris
2		✓	Orléans
3		✓	Ottawa
4		✓	Annecy
5	✓		Milan
6	✓		Londres
7		✓	Athènes
8	✓		Barcelone
9		✓	Turin
10	✓		Madrid

LES CORRIGÉS

G. Complétez le dialogue avec les mots suivants :

Ça – moi – de – suis – parle – toi – pas – m' – comment – parles – appelle – ne.

— Salut. Tu es *de* Nice ?
— Oui. *Toi* aussi ?
— Non, je *ne* suis *pas* de Nice, je *suis* de Milan.
— Tu *parles* italien ?
— Oh, un peu. Je *parle* d'autres *langues*, le français bien sûr et l'espagnol. Je *m'*appelle Arnaud. Et toi ?
— *Moi*, je m'*appelle* Lodovico.
— *Comment* ?
— Lodovico. *Ça* s'écrit L.O.D.O.V.I.C.O.

H. Complétez les dialogues.

1. — *Comment tu t'appelles ?*
— Moi, je m'appelle Frank.
— *Franck comment ?*
— Frank Leroy.
— *Tu es français ?*
— Oui.

2. — *Ça va ?*
— Ça va bien, merci. Et toi ?
— Ça va, merci.
— *Tu es française ?*
— Non, je suis canadienne.
— *Tu es de Montréal ?*
— Non, d'Ottawa.

I. Comment répondre aux questions ?

1. Ça va ?
☐ Salut ! ☒ Pas très bien. ☐ Tu es d'où ?
2. Comment t'appelles-tu ?
☐ Je suis italien. ☐ D'Avignon.
☒ Éric Martin.
3. Comment ça s'écrit ?
☐ Tiens. Salut ! ☐ Martin. ☒ M-A-R-T-I-N.
4. Tu es italien ?
☐ Non, ça ne va pas.
☐ Oui, elle est italienne.
☒ Oui, mais je parle très bien français.
5. Tu es d'où ?
☐ Tu es de Lyon. ☒ De Milan.
☐ Oui, c'est ça.
6. Tu parles allemand ?
☐ Oui, tu es de Rome. ☒ Pas très bien.
☐ Non, ça va très mal.
7. Tu comprends ?
☒ Comment ? ☐ D'où ? ☐ Tiens !

J.
1. Vrai ou faux ?

Élodie…   vrai faux
1. s'appelle Élodie Valère   ☐   ☒
2. est française   ☒   ☐
3. est de Bordeaux   ☐   ☒
4. parle espagnol   ☒   ☐
5. parle anglais   ☐   ☒
6. parle allemand   ☐   ☒
7. est à Paris   ☒   ☐

2. Écoutez encore et complétez les questions.

— Tu t'appelles *comment* ?
— Élodie *quoi* ?
— Ça s'écrit comme *ça se prononce* ?
— Ah bon… Alors *comment* ?
— Ah, d'accord… Tu es *française* ?
— *D'où* ?

K. Trouvez la question

1. *Tu es française ?*
— Non, espagnole.
2. *Ça s'écrit avec deux « n » ?*
— Non, ça ne s'écrit pas comme ça.
3. *Tu t'appelles Marine ?*
— Non, Marie.
4. — *Ça va (bien) ?*
— Non, ça ne va pas très bien.
5. — *Ça s'écrit avec un accent grave ?*
— Non, avec un accent circonflexe.
6. — *Tu es de Toulouse ?*
— Non, de Bordeaux.

L. Jeu de rôles

Dialogues possibles :

Dessin 1.
— *Moi, je suis d'Angers, et toi ?*
— *Moi, je suis de Londres.*
— *Ah ? Tu es anglais ?*
— *Oui, et toi ?*
— *Moi, je suis français.*

Dessin 2.
— *Moi, je suis belge, et toi ?*
— *Je suis italienne.*
— *Ah ? Tu es d'où en Italie ?*
— *Je suis de Rome.*

Unité 5 La valise grise (premier épisode) (p. 14-17)

A. Complétez la grille

	être	habiter	parler	s'appeler	faire
Je	suis	j'habite	parle	m'appelle	fais
Elle	est	habite	parle	s'appelle	fait
Vous	êtes	habitez	parlez	appelez	faites
Ils	sont	habitent	parlent	s'appellent	font

B. Singulier ou pluriel ?

	singulier	pluriel	
1		✓	• elles habitent
2	✓		• il habite
3		✓	• ils habitent
4	✓		• elle habite
5		✓	• elles habitent
6	✓		• il habite
7		✓	• ils habitent

LES CORRIGÉS

C. ÊTRE et FAIRE

	êtes	faites	
1	✓		vous êtes
2	✓		vous êtes
3		✓	vous faites
4	✓		vous êtes
5		✓	vous faites
6		✓	vous faites

	sont	font	
1		✓	elles font
2	✓		ils sont
3		✓	ils font
4		✓	elles font
5	✓		ils sont
6		✓	elles font

D. Complétez les trois dialogues.
1. — Bonjour, madame.
— Bonjour, monsieur.
— *Comment allez-vous ?/Vous allez bien ?*
— Je vais bien, merci. *Et vous ?*
— Ça va, merci.
2. — *Qu'est-ce que vous faites ?*
— Je suis journaliste. *Et vous ?*
— Moi, je suis secrétaire.
— *Vous êtes française ?*
— Non, je suis allemande. *Vous parlez allemand ?*
— Non, je ne parle pas allemand.
— *Vous êtes d'où ?*
— De Bonn. *Et vous ?*
— De Lyon.
3. — *Vous vous appelez comment ?*
— Je m'appelle Ricardo Oliviera.
— *Oliviera, comment ça s'écrit ?*
— O.L.I.V.I.E.R.A.
— *Vous êtes portugais ?*
— Non, je suis brésilien.
— *D'où ?*
— De Brasilia.
— *Et qu'est-ce que vous faites ?*
— Je suis architecte.
— *Vous allez bien ?*
— Pas mal, merci.

E. Faites une phrase avec tous ces mots et seulement ces mots : *suis mais – bien – je – français – américaine – parle – je*.
Je suis américaine mais je parle bien français.

F. Présentez Cecilia Mirakis.
Elle s'appelle Cecilia Mirakis, elle est grecque, elle habite à Thessalonique. Elle est informaticienne.

G. Choisissez la forme qui convient.
1. Martine et Marie sont (~~avocats~~ – ~~avocate~~ – avocates)
2. Jacques est (ouvrier – ~~ouvrière~~ – ~~ouvriers~~)
3. Pierre et Jean ne sont pas (~~lycéennes~~ – lycéens – ~~lycéen~~)
4. Elena est (italienne – ~~italien~~ – ~~italiennes~~)
5. Elles sont (collégiennes – ~~collégiens~~ – ~~collégien~~)

H. Carte d'identité
(NB : les cartes d'identité sont fantaisistes, on n'indique pas les langues parlées sur les cartes réelles – ni la profession sur les cartes d'identité françaises).
Je m'appelle Paul Pascalini, je suis français, j'habite 1 rue du port, à Ajaccio. Je suis dentiste. Je parle corse et français, et je comprends l'italien et l'anglais.

I. Carte d'identité
— *Elle s'appelle comment ?*
— *Elle s'appelle Monica Pfeffer.*
— *Elle habite où ?*
— *À Bâle.*
— *Elle est de quelle nationalité ?/Quelle est sa nationalité ?*
— *Elle est suisse.*
— *Qu'est-ce qu'elle fait ?/ Quelle est sa profession ?*
— *Elle est étudiante.*
— *Elle parle quelles langues ?*
— *Elle parle allemand et français, elle comprend l'italien et l'espagnol.*

J. TU ou VOUS ?

	tu	vous	
1		✓	*Bonjour, madame !*
2	✓		*Tiens, salut Paul !*
3	✓		*Ça va, et toi ?*
4		✓	*Vous allez comment ?*
5	✓	✓	*Comment ça va ?*
6		✓	*Vous dites d'où ?*
7	✓		*Tu es d'où ?*
8		✓	*Merci monsieur.*

K. Reliez la question et sa réponse.
1. Qu'est-ce que fait Pierre ?
b. Il est dentiste.
2. Vous habitez où ?
d. À Genève.
3. Qu'est-ce que vous faites ?
c. Je suis journaliste.
4. Ils sont d'où ?
a. De Rome.
5. Je suis médecin et toi ?
e. Moi aussi.

L. Portrait d'Alexis
1. Vrai ou faux ?

Alexis…	vrai	faux
a. … parle anglais	☐	☒
b. … est d'Agen	☐	☒
c. … est grec	☒	☐
d. … ne parle pas français	☐	☒
e. … est journaliste	☒	☐
f. … parle allemand	☒	☐
g. … ne parle pas russe	☐	☒

LES CORRIGÉS

2. Écoutez et complétez.
— Vous n'êtes *pas* français ?
— Non, je *suis* grec.
— Mais vous *parlez* bien français !
— Oui, pas *mal*.
— Et vous parlez d'autres *langues* ?
— Oui, allemand *et* russe.
— Et qu'est-ce que vous *faites* ?
— Je suis *journaliste*.

M. Cherchez la question.
1. *Vous n'êtes pas français ?* Si, je suis français.
2. *Vous parlez grec ?* Non, je ne parle pas grec.
3. *Vous parlez d'autres langues ?* Oui, anglais et italien.
4. *Qu'est-ce que vous faites ?* Je suis professeur.
5. *Vous vous appelez comment ?* Je m'appelle Denis Lefebvre.
6. *Comment ça s'écrit ?* L.E.F.E.B.V.R.E.
7. *Vous êtes d'où ?* De Paris.

N. Complétez si c'est nécessaire.
Anita est allemand*e*. Elle est étudiant*e*, elle parle français et italien. Son ami Bo est suédois. Il est avocat, il parle anglais et comprend un peu la langue allemand*e*. Anita aime les chanteurs italien*s*, les actrices français*es*, les architectes allemand*s*, et bien sûr, un avocat suédois !

▬ Unité 6 « Moi, j'ai… » (p. 18-23)

A. AVOIR et ÊTRE

 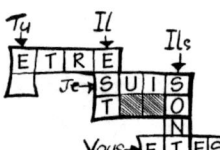

B. Complétez et faites l'accord (si nécessaire).
J'ai une moto : *elle* est anglais*e*.
C'est un acteur : *il* est allemand.
Tu as un appareil photo : *il* est japonais.
C'est une actrice : *elle* est américain*e*.
Ils ont un vélo : *il* est italien.
Vous avez une montre ? Oui, *elle* est suisse.
Elle a des livres : *ils* sont français.
C'est une architecte : *il* est brésilien.
Vous avez des poupées ? Oui, *elles* sont russe*s*.

C. Complétez avec un article indéfini.
1. J'ai *des* guitares
2. Vous avez *des* vélos
3. J'ai u*n* livre
4. Il a *un* baladeur
5. Elle a *une* poupée
11. Ils ont *des* jeux vidéo
12. J'ai *des* chiens
13. C'est *une* moto
14. Elle a *un* vélo
15. Ils ont *des* motos
6. Il y a *des* télévisions
7. Ils ont *une* montre
8. C'est *une* profession
9. Il a *des* appareils photo
10. On a *des* consoles
16. On a *des* livres
17. J'ai *une* trompette
18. Ce sont *des* langues
19. C'est *un* chat
20. Elle a *des* chiennes

D. Mots croisés

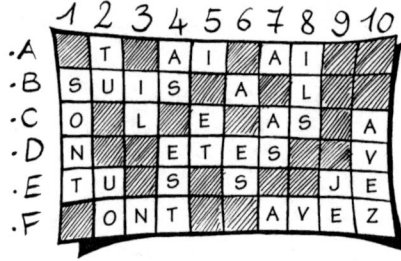

E. Écrivez les opérations en lettres.
7 + 13 = 20 : *sept et treize font vingt*
5 + 20 = 25 : *cinq et vingt font vingt-cinq*
6 + 9 = 15 : *six et neuf font quinze.*
32 + 12 = 44 : *trente-deux et douze font quarante-quatre.*
11 + 16 = 27 : *onze et seize font vingt-sept.*
10 + 4 = 14 : *dix et quatre font quatorze.*

F. AVOIR ou ÊTRE ?

1.	ont	sont		2.	ai	es	
1	✓		ils ont		✓		1 j'ai
2		✓	ils sont			✓	2 tu es
3	✓		elles ont		✓		3 j'ai
4		✓	ils sont		✓		4 j'ai
5		✓	elles sont			✓	5 tu es
6	✓		elles ont			✓	6 tu es
7		✓	ils sont		✓		7 j'ai

G. Qu'est-ce qu'ils ont ?
1. [1] + [0] = [1] *Pierre a une trompette, et pas Marie.*
2. [1] + [2] = [3] *Pierre a un chien et Marie 2, ils ont 3 chiens.*
3. [12] + [34] = [46] *Pierre a 12 CD et Marie 34, ils ont 46 CD.*
4. [17] + [17] = [34] *Pierre a 17 BD et Marie aussi, ils ont 34 BD*
5. [0] + [0] = [0] *Pierre et Marie n'ont pas d'ordinateur.*
6. [0] + [2] = [2] *Pierre n'a pas de vélo mais Marie a 2 vélos: ça fait 2 vélos.*
7. [19] + [31] = [50] *Pierre a 19 livres et Marie 31, ils ont 50 livres.*

H. Vrai ou faux ?

	vrai	faux	
1		✓	7 et 9 font 16 et non 17.
2	✓		20 et 20 font 40
3	✓		36 et 3 font 39
4		✓	17 et 11 font 28 et non 29
5		✓	10 et 16 font 26 et non 27
6	✓		35 et 15 font 50

LES CORRIGÉS

I. Poème
Exemple : *secrétaire/ouvrière*
1. agricultrice/*actrice*
2. anglaise/*française*
3. mexicain/*américain*
4. italienne/*brésilienne*
5. tiens/*bien*
6. allemand/*comment*
7. dentiste/*journaliste*
8. agriculteur/*ordinateur*
9. ils sont/*ont*
10. vous/*où*
11. appelle/*elle*

J. ET ou MAIS ?
1. Je suis américaine *et* j'habite à New York.
2. Vous habitez Rome *mais* vous n'êtes pas italien ?
3. Elle a beaucoup de CD *et* un baladeur.
4. Il s'appelle Yves Montand *mais* il est d'origine italienne.
5. Elles n'ont pas de CD *mais* un baladeur.
6. J'épelle les noms *et* les prénoms.

K. Complétez les phrases avec les mots et les expressions suivants : *pas d' – pas de – combien – beaucoup de – pas beaucoup de – combien d'.*
1. Tu as *combien* de bandes dessinées ?
2. Pierre n'a *pas* ordinateur.
3. Vous parlez *combien d'* autres langues ?
4. Marie et Martine ont *beaucoup de* CD.
5. Vous n'avez *pas de* chiens ?
6. Ils n'ont *pas beaucoup* problèmes.

L. Ils ont quoi ?

	Vincent		Élisabeth	
	combien ?	quoi ?	combien ?	quoi ?
1	une	montre	beaucoup de	livres
2	pas	poupée	cinq	poupées
3	trois	vélos	une	moto
4	un	ordinateur	quarante-deux	CD
5	beaucoup de	jeux vidéo	beaucoup de	jeux vidéo
6	une	langue étrangère	pas	langue étrangère
7	?	bandes dessinées	?	bandes dessinées

M. Un Japonais
1. Vrai ou faux ?

	vrai	faux
1. Il est étranger.	☒	☐
2. Il a deux appareils photo.	☐	☒
3. Il est de Tokyo.	☐	☒
4. Il habite chez Michèle Delabre.	☒	☐
5. Michèle parle bien japonais.	☐	☒
6. Michèle a beaucoup de CD.	☒	☐
7. Le Japonais est étudiant.	☐	☒

2. Remplissez la fiche du Japonais.
Nom : *ITO*
Nationalité : *japonaise*
Profession : *photographe*
Domicile : *Kyoto*

3. Combien de fois entendez-vous...
1. japonais ? [6] fois
2. livre ? [2] fois
3. le verbe « être » ? [4] fois

4. Écoutez et corrigez ce qui est différent.
— Chez Michèle ? Elle a ~~un~~ *des* livres japonais, Michèle. Elle~~s~~ parle~~nt~~ ~~aussi~~ *bien* japonais ?
— Elle a ~~deux~~ *des* livres japonais, ~~elle a~~ beaucoup, *elle a* des CD ~~ici~~ *aussi*, quinze ou trente, mais ~~il~~ *elle* ne parle pas ~~bien~~ japonais, ~~non~~.

N. Dialogue
— Tu t'appelles comment ?
— Nin.
— Comment ?
— Nin. Ça s'écrit N.I.N. Je suis japonaise.
— Tu es japonaise et tu as un appareil photo...
— Non, pas un, mais trois.
— Ah...? Tu es d'où ?
— D'Osaka. Ici, j'habite chez monsieur Michon.
— Chez André ?...Il a des livres japonais, André. Il parle bien japonais ?
— Il a des livres japonais, beaucoup, il a des CD aussi, vingt ou trente, mais il ne parle pas japonais.
— Ah bon ?... Tu parles très bien français, toi ! Qu'est-ce que tu fais, ici ?
— Je suis photographe, et je fais des photos d'Orléans.

O. Complétez avec le verbe qui convient.
Elle *s'appelle* Eva. Elle *est* suisse. Elle *est/vient* de Zurich. Elle *parle* très bien français. Elle *a* deux ordinateurs et une console de jeux. Ils *sont* chez elle.
Elle *est* informaticienne. Elle *a* des jeux vidéo. Elle *va* bien, merci.

P. Cherchez les questions.
1. — *Il est japonais ?*
— Oui, il n'est pas français.
2. — *Il est d'où ?*
— De Kyoto.
3. — *Il s'appelle comment ?*
— Ito.
4. — *Ça s'écrit comment ?*
— I.T.O.
5. — *Qu'est-ce qu'il fait ?*
— Il est photographe.
6. — *Il a combien d'appareils photo ?*
— Il a trois appareils photo.
7. — *Il ne parle pas français ?*
— Si, il parle français.

LES CORRIGÉS

Q. Complétez (si nécessaire).
J'ai une montre. *Elle* est suisse. J'ai aussi des livres. *Ils* sont français et espagnol. J'ai aussi un appareil photo, *il* est japonais, une console, *elle* est allemande, et des jeux, *ils* sont américain*s*. Et toi, tu as des poupées russe*s* ?

■ Unité 7 « Il est là » (p. 24-29)

A. Mots croisés

B. Dialogue
1. — Dis, je cherche une guitare.
— *Quelle* guitare ?
— *La guitare* de Chloé.
— *Elle est dans* l'entrée.
2. — Dis, je cherche des disques.
— Quels disques ?
— Les disques de Papi.
— Ils sont dans le grenier.
3. — Dis, je cherche des BD.
— Quelles BD ?
— Les BD de Loïc.
— Elles sont dans le salon.

C. La maison

D. Où est le chat ?
1. — Il n'est pas sous le lit ?
— Non, il est derrière la porte
2. — Il n'est pas dans l'armoire ?
— Non, *il est sur la chaise.*
3. — Il n'est pas sur la table ?
— Non, il est dans la valise.

E. Ils sont où ?
1. *Dans l'armoire*
2. *Sur l'étagère*
3. *Devant lui*
4. *Derrière la maison*
5. *Dans la salle de bains*
6. *Chez Jacques*
7. *On ne sait pas*

F. Les nombres
1. 12 + *11* = 23.
2. 15 + *31* = 28.
3. 7 + *28* = 35
4. 27 + *4* = 31
5. 33 + *34* = 67
6. 19 + *51* = 70
7. 16 + *60* = 76

G. Quel est le mot ?
1. *chambre*
2. *L'entrée*
3. *La cuisine*
4. *Le salon*
5. *La salle de bains*

H. Jeu
1. *Il y a une valise/il n'y a pas de valise sous le lit.*
2. *Il y a cinq/quatre livres sur l'étagère.*
3. *La guitare est à gauche/à droite de la fenêtre.*
4. *Il y a un téléphone/un téléphone portable (ou un téléphone sans fil ?) sur l'étagère.*
5. *Il y a un fauteuil/un chaise devant la fenêtre et l'étagère.*
6. *La poupée sur le lit est à gauche/à droite*

I. Questions
1. Qui ? → *Qui est dans la cuisine ?*
2. Qu'est-ce que ? → *Qu'est-ce que tu fais ?*
3. Où ? → *Les BD sont où ?*
4. D'où ? → *Vous êtes d'où ?*
5. Comment ? → *Comment ça va ?/Ça s'écrit comment ?*
6. Combien ? → *Tu as combien de CD ?*
7. Quelles ? → *Tu parles quelles langues ?*

J. Vous avez besoin d'un livre de maths.
— *Où est le livre de maths ?*
— *Le livre de maths, il est où ?*
— *Dis, je cherche le livre de maths, tu sais où il est ?*

K. Questions, réponses
1. *Où sont les chaises ?* — Elles sont dans le jardin.
2. *Qu'est-ce qu'il cherche ?* — Il cherche une perruque.
3. *Est-ce que Marie parle français ?*
— Non, Marie ne parle pas français.
4. *Ça va mal ?* — Oui, ça va très mal.
5. *Ça s'écrit comment ?* — L-A-N-T-I-E-R.
6. *Vous cherchez un livre sur quoi ?*
— Paris.
7. *Vous avez beaucoup de chats ?* — Non, j'ai un seul chat.
8. *Je cherche le livre. Tu sais où il est ?*
— Le livre, il n'est pas sur l'étagère ?

LES CORRIGÉS

L. Enquête
Écoutez et écrivez.

	Qui?	Quoi?	Combien?	Où?
1.	Pierre Durand	architecte	–	à Paris
2.	Cécile	–	une guitare	sous le lit
3.	Paul	avocat	...	à Nice
4.	–	...	un vélo	dans le garage
5.	Zoé Dupont	...	01 45 12 17 36	chez elle
6.	Marianne Sertis		27	rue de la Musique

M. Le commissaire de police sait...

1. Vrai ou faux?

	vrai	faux
1. Le commissaire s'appelle Marchand.	☒	☐
2. Le garçon s'appelle Bygot-Lesmure.	☒	☐
3. Il a quatorze ans.	☒	☐
4. Le nom du garçon est écrit sur la porte.	☒	☐
5. Le commissaire ne sait pas comment s'écrit le nom du garçon.	☒	☐
6. Le garçon a un chien allemand.	☐	☒
7. Le commissaire a un chien belge.	☐	☒
8. Le commissaire sait où est la moto du garçon.	☒	☐
9. Le chien est dans la rue.	☐	☒

2. Répondez.
a. Quel est le nom de Pierre-Yves? *Bygot-Lesmure*
b. Où est le vélomoteur? *Dans la rue, devant chez Pierre-Yves.*
c. Où est le chien? *Dans le jardin du commissaire*

3. Vous entendez...?

	oui	non
nom	☐	☒
chat	☐	☒
comment	☒	☐
au revoir	☐	☒
s'il vous plaît	☐	☒
merci	☒	☐

4. Écoutez et complétez.
— Bon, tu *as* une moto, n'est-ce pas?
— Euh... oui. Enfin, une petite *moto*, un vélomoteur, quoi!... Mais je ne sais pas *où* il est.
— Tu *es* lycéen, n'est-ce *pas*?
— Non, je *suis* collégien.
— Ah! Tu as *aussi* un *c*hien allemand, non?
— *Non*, je n'ai pas *de* chien *allemand*, j'ai un chien belge. Je ne sais pas où il *est* : je *le* cherche.

N. Écrivez les questions.
1. Bonjour. Je suis commissaire de police. *Vous vous appelez comment?*
— Tricaud. Antoine Tricaud.
2. — *Ça s'écrit comment?*
— T-R-I-C-A-U-D.
3. — *Vous habitez où?/Où est-ce que vous habitez?*
— Ici, dans cette rue, au numéro cinq.
4. — *Vous avez une moto?*
— Non, je n'ai pas de moto.
5. — *Vous avez un chien?*
— Oui j'ai un chien, pourquoi?
6. — *Vous savez où il est?*
— Oui, bien sûr, je sais où il est.
7. — *Il est où?*
— Mais là, dans mon jardin : regardez... Ah!... Fido? Fido?

O. Complétez avec : *un – une – de – des*
Le commissaire a *des* enfants, mais il n'a pas *de* chien. Il a *une* moto, *une* maison, mais pas *de* jardin et pas *de* garage. Pierre-Yves a *un* chien, *un* chat, *un* vélomoteur, mais pas *de* moto. Il a aussi *des* livres, *une* valise, *des* jeux vidéo, mais pas *de* CD.

P. Répondez NON
1. Ils savent où est la chatte?
— Non, *ils ne savent pas où elle est.*
2. Tu ne sais pas où est la valise?
— Non, *je ne sais pas où elle est.*
3. Elle sait où sont les enfants?
— Non, *elle ne sait pas où ils sont.*
4. Tu sais où sont Luc et Zoé?
— Non, *je ne sais pas où ils sont.*
5. Vous savez où est le téléphone?
— Non, *je ne sais pas où il est.*
6. Vous savez où est la gare?
— Non, *je ne sais pas où elle est.*

Unité 8 Les quatre saisons (p. 30-35)

A. Les mois de l'année

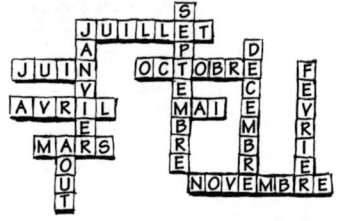

B. AU ou EN?
1. Maintenant, j'habite *en* Italie mais je passe l'été *en* Suisse.
2. *En* décembre, je préfère rester *au* Canada.
3. Tous les ans, *au* printemps, j'invite mon ami algérien *en* Belgique.
4. *En* été, j'aime aller *au* Brésil.

79

LES CORRIGÉS

5. *Au* Brésil, nous avons beaucoup d'amis. Ils vont *en* automne *au* Portugal.

C. Trouvez la question.
1. — *Tu n'as pas froid ?*
— Mais si, voyons ! J'ai froid !
2. — *Tu n'as pas chaud ?*
— Si, j'ai chaud !
3. — *Tu as faim ?*
— Oui, j'ai très faim !
4. — *Tu as peur/Tu n'as pas peur ?*
— Mais non, voyons, je n'ai pas peur !
5. — *Tu n'as pas soif ?*
— Si j'ai un peu soif.
6. — *Il neige/Est-ce qu'il neige ?*
— Oui, il neige.

D. Chaud et froid
— Tiens, (~~et~~/salut /~~merci~~) Jérémy ! Ça va ?
— Non, ça (~~pas /il~~ /ne) va pas très bien : j' (~~fait /est~~ /ai) froid !
— Mais il ne (~~est /ai /~~fait) pas froid : (~~moins~~ /plus /~~ou~~) 12 degrés !
— (~~Oui /Non~~ /Si), voyons, il fait froid ! Et (~~vous~~ /toi /~~tu~~), ça va ?
— (Oui /~~Non /Si~~), très bien. Moi j'ai chaud.

E. Mots croisés

F. Quel est le mot ?
1. *été*   2. *septembre*
3. *décembre*   4. *automne*
5. *printemps*   6. *hiver*
7. *août*   8. *juillet*

G. Climats

	il fait chaud	il fait froid	
1		✓	*en Norvège*
2	✓		*35 degrés*
3		✓	*moins 12 degrés*
4	✓		*en Afrique*
5		✓	*il neige*
6		✓	*c'est l'hiver*
7	✓		*c'est l'été*

H. Météo
Voir transcription (p. 114)

I. Le temps en France
Carte 1.
Bonjour, voici notre bulletin météorologique pour aujourd'hui, 15 décembre.
Il fait beau à Paris mais pas très chaud (8°), froid à Lille (0°) et encore plus froid à Grenoble où il neige (– 11°). Il fait beau à Marseille (10°) et il pleut beau à Brest (7°) et à Bordeaux (12°).
Carte 2.
Bonjour, voici notre bulletin météorologique pour aujourd'hui, 31 mars.
Il pleut à Paris mais il ne fait pas froid (20°), il pleut aussi à Bordeaux. Il fait beau à Brest (18°) et à Marseille (22°). Il fait froid à Grenoble (– 1°) et il fait 14° à Lille.

J. Reliez les 2 parties de chaque phrase.
1. Ça fait   f. *...combien ?*
2. Elles habitent   a. *...en Italie.*
3. Il fait   b. *...quel temps ?*
4. Elles ont   h. *...froid.*
5. Il gèle   c. *...en hiver.*
6. C'est   d. *...le printemps.*
7. Il pleut   g. *...beaucoup.*
8. Tout le monde a   i. *...un nom et un prénom.*
9. On est   e. *...le 1er mai.*

K. Quelle question posez-vous pour demander...
1. ... le total de 2 nombres ?
☐ Il fait combien ? ☒ Ça fait combien ?
2. ... la nationalité de deux ou trois personnes ?
☐ C'est allemand ? ☒ Ce sont des Allemands ?
3. ... dans quel pays se trouve une ville ?
☒ C'est où ? ☐ C'est français ou canadien ?
4. ... le nombre de professeurs de ton ami.
☒ Tu as combien de profs ? ☐ Vous avez combien de professeurs ?
5. ... le nom d'un objet ?
☐ Qu'est-ce qu'il a ? ☒ Qu'est-ce que c'est ?

L. Le temps qu'il fait
1. Écoutez et complétez.

	beau	mauvais	neige	chaud	pas très beau
0. Ouest.	✓				
1. Sud	✓				
2. Alpes			✓		
3. Centre					✓
4. Nord	✓				
5. Région parisienne					✓

2. Écoutez et complétez.
1. Brest : *10°*   **6.** Tours : *13°*
2. Bordeaux : *11°*   **7.** Paris : *17°*
3. Toulouse : *12°*   **8.** Rouen : *17°*
4. Marseille : *9°*   **9.** Lille : *3°*
5. Grenoble : *– 5°*

3. Écoutez et complétez.
Dans l'ouest de la France, il *fait* mauvais et la température *est* de 10 °C à Brest, *et* 11° à Bordeaux. Dans le sud *de* la France, *à* Toulouse et *à* Marseille, il beau, mais *il ne fait pas chaud pour* la saison : 12° à Toulouse et 9° à Marseille.

LES CORRIGÉS

M. Transformez comme dans l'exemple.
Exemple : *Il fait beau. – Il ne fait pas beau. — Il fait mauvais.*
1. Il fait très chaud. – *Il ne fait pas chaud. — Il fait froid.*
2. Il fait très mauvais. — *Il ne fait pas très mauvais. — Il fait assez beau.*
4. Il fait beau aussi à Rouen. — *Il ne fait pas beau non plus à Rouen. — Il fait mauvais aussi à Rouen.*
5. Il fait froid aussi à Paris. — *Il ne fait pas froid non plus à Paris. — Il fait chaud aussi à Paris.*

N. Complétez avec le verbe « faire ».
1. Il *fait* nuit, mais il ne *fait* pas froid.
2. Cette histoire me *fait* peur.
3. Qu'est-ce que tu *fais* ? — Je *fais* ma valise. Je pars.
4. Excusez-moi ! — Ça ne *fait* rien.
5. Vous *faites* des photos ?
6. Qu'est-ce que vous *faites* ? — Je suis étudiant.
7. Tu prends la moto ? Alors *fais* attention !
8. Qui *fait* la cuisine, aujourd'hui ?
9. Deux et deux *font* quatre.

O. Où ?
Brest est *en* Bretagne. *À* Brest, il pleut beaucoup. Il pleut aussi beaucoup *en* Normandie, *à* Rouen par exemple. *Dans* le nord de la France, *à* Lille ou *à* Calais, il ne fait pas très beau.
Dans les montagnes, comme les Alpes ou les Pyrénées, il fait très froid en hiver. *Dans* le sud de la France, on l'appelle aussi le midi, il fait très beau : *en* Provence, il y a plus de trois mille heures de soleil par an. *En* Bourgogne, il pleut beaucoup, mais il y a aussi beaucoup de soleil.

P. Préparation à l'écrit du DELF : première lettre

1. La date
On écrit le lieu et la date en haut à droite.
Exemple : *Namur, le 12 janvier 2005.*
Vous écrivez le 10/10/03 à Paris → *Paris, le 10 octobre 2003*
1. 05/03/06 – Marseille → *Marseille, le 5 mars 2006*
2. 09/02/07 – Madrid → *Madrid, le 9 février 2007*
3. 12/06/04 – Lisbonne → *Lisbonne, le 12 juin 2004*
4. 28/02/04 – Barcelone → *Barcelone, le 28 février 2004*
5. 01/07/05 – Rome → *Rome, le 1ᵉʳ juillet 2005*
6. 02/09/06 – Genève → *Genève, le 2 septembre 2006*
7. 24/12/07 – Berlin → *Berlin, le 24 décembre 2007*

2. La « formule d'appel »
Cochez la ou les bonnes réponses :
1. Maman à sa fille :
Bonjour Léa ☒ Ma chérie ☒
Ma chère Léa ☒
2. Un garçon à une très bonne amie :
Sarah ☐ Mademoiselle ☐ Mon amour ☒
3. Une fille à un ami :
Salut ! ☒ Mon amour ☐ Cher Clément ☒
4. Papa au travail :
Bonjour ☐ Monsieur ☒ Chéri ☐

3. La formule de politesse
Salut ! → *Grosses bises, Bises, Amicalement, Salut !*
Ma chérie, → *Grosses bises, Bises*
Bonjour Mathilde ! → *Cordialement, Amicalement*
Monsieur, → *Recevez mes sincères salutations*
Cher Pierre, → *Amicalement, Cordialement*
Ma chère maman, → *Grosses bises, Bises*
Ma chère Manon, → *Cordialement, Amicalement*
Madame, → *Recevez mes sincères salutations*
Ma chérie, → *Grosses bises, Bises*

Unité 9 La valise grise (deuxième épisode) (p. 36-42)

A. Mots croisés

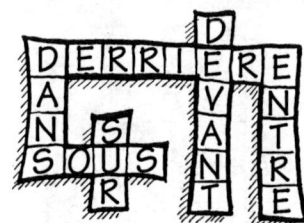

B. Chez moi
J'habite *à* Tours. En face chez moi, il y a *un* restaurant. C'est *le* restaurant « Les oiseaux ». À droite *du* restaurant, il y a *une* banque : c'est *la* Banque de France. En face *de la* banque, il y a *un* hôtel-restaurant : c'est *l'*Hôtel de la gare. À côté *de l'*hôtel, il y a *une* église. Derrière *l'*église, il y a *une* place. Sur *la* place, il y a *des* platanes, et elle s'appelle Place *des* Platanes. Au coin *de la* place, à droite, il y a *un* café. *Le* café est derrière chez moi. L'été, il y a beaucoup *de* touristes. *Les* touristes aiment Tours.

C. Complétez en choisissant la bonne forme parmi les 3 proposées.
1. Pardon, Monsieur, (~~ce sont~~, il y a, ~~ils ont~~) de bons hôtels ici ?
2. Le village est trop petit, (~~il n'est pas~~, ~~il n'y a pas~~, il n'y a pas de) banque ici.

LES CORRIGÉS

3. (*Il y a . Est-ce que . ~~Est-ce~~*) ce sont des touristes ?
4. Je ne sais pas (où est . ~~c'est où. où est-ce~~) la banque.
5. (~~Où est-ce . Est-ce que~~ . Qu'est-ce que) tu as dans ta valise ?
6. Chez moi, il y a (~~pas . pas de~~ . seulement) une salle de bains.

D. Chalon-sur-Saône

	vrai	faux
1. la banque est place de la mairie	☒	☐
2. l'église est sur la place, à droite	☐	☒
3. l'hôtel est devant la banque	☐	☒
4. le cinéma est à côté de l'hôtel	☐	☒
5. le commissariat est au coin à gauche de la place	☐	☒
6. la station de taxis est derrière la mairie	☐	☒
7. la poste est entre la banque et le café	☐	☒

E. Où ?
1. — Pardon madame, vous savez où il y a un restaurant ?
— Un restaurant ? *À gauche de la banque.*
2. Une cabine téléphonique ? *Devant le cinéma.*
3. Une poste ? *Au coin de la place.*
4. Un supermarché ? *À 10 km au nord de la ville.*
5. La mairie ? *À côté du pont.*

F. Mots croisés

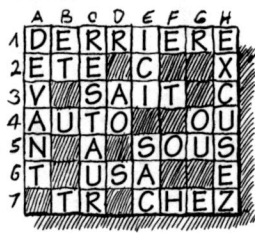

G. Une banque
1. *Excusez-moi, où est-ce qu'il y a une banque ?*
2. *Pardon, vous savez où est la banque ?*
3. *Pardon, il y a une banque ici ?*
4. *Excusez-moi, je cherche une banque.*

H. Logorallye
— Pardon, il y a une banque ici ?
— Non, ici c'est un village, il y a seulement une poste.
— Vous savez où elle est ?
— La poste ? Non... je ne suis pas d'ici. En face de la mairie, peut-être.

I. Les 7 différences
1. *L'appartement a trois/deux chambres.*
2. *Il y a une télévision/il n'y a pas de télévision dans la chambre à droite.*
3. *Il y a deux/trois fauteuils dans le salon.*
4. *Il y a une table/il n'y a pas de table dans la cuisine.*
5. *Il y a une salle à manger/ il n'y a pas de salle à manger.*
6. *Les WC sont/ne sont pas dans la salle de bains.*
7. *Il n'y a pas de chambre/il y a une chambre entre la cuisine et la grande chambre.*

J. Numéros de téléphone
1. ... de l'hôtel : *01 45 56 67 78*
2. ... de la gare : *01 34 65 77 77*
3. ... du restaurant : *03 54 18 86 96*
4. ... de la banque : *04 65 15 97 97*
5. ... de la gendarmerie : *05 12 13 67 14.*
6. ... du cinéma : *02 47 96 87 78*

K. L'appartement de François
L'appartement de François a 4 pièces. La cuisine est à gauche de l'entrée, la salle à manger est au fond, à gauche. La salle de bains est entre la cuisine et la salle à manger. La chambre est à droite de l'entrée, et au fond à gauche il y a le salon.

L. Réponses
1. ... quelqu'un qui demande où est le supermarché
c. À 100 mètres, sur la place de la mairie.
2. ... quelqu'un qui demande où vous habitez
d. Pas ici : à Chalon.
3. ... quelqu'un qui vous demande de téléphoner
e. Oui. Il est dans l'entrée, sur une étagère
4. ... quelqu'un qui demande comment vous allez.
b. Pas très bien.
5. ... quelqu'un qui demande d'où vous êtes.
a. De Marseille.

M. À louer
1. Complétez les plans.

1. = entrée	1.= cuisine
2. = séjour	2. = entrée
3. =3ᵉ chambre	3. = salle à manger
4. = cuisine	4. = séjour
5. = salle de bains	5. = chambre
6. = 2ᵉ chambre	6. = chambre
7. = 1ʳᵉ chambre	7. = salle de bains

2. Complétez (pour le 1ᵉʳ appartement)
Le premier appartement *se trouve* au premier *étage*. En *face* de la porte d'*entrée*, il y a la porte de la *première* chambre. Derrière la chambre et *à droite*, il y a une deuxième chambre avec *deux lits*. À *côté*, à droite des chambres, la salle *de bains et les toilettes*, et à droite *encore*, la cuisine. À côté, à droite encore, la troisième chambre. *Le séjour est entre* l'entrée et la troisième chambre.

LES CORRIGÉS

3. Pour le deuxième appartement, combien de fois entendez-vous :

1. premier (1er) ? [*0*] fois
2. deuxième (2e) ? [*2*] fois
3. troisième (3e) ? [*1*] fois
4. à droite ? [*2*] fois
5. à gauche ? [*1*] fois
6. il y a ? [*2*] fois

N. Complétez si nécessaire avec : *derrière – devant – dans – entre – chez – à droite de – à gauche de – en face de – au fond de – du – de*.

Quand on entre *chez* moi, à droite *de* la porte d'entrée, il y a le séjour. Derrière le séjour, il y a la cuisine. La salle de bains est à gauche *de* la cuisine, et les toilettes sont entre la cuisine et la salle de bains. *En face de* la maison, il y a mon garage. À droite *du* garage, j'ai un petit jardin, et au fond *du* jardin, une petite maison pour les enfants.

O. Trouvez les questions (regardez les plans de l'exercice M).

Appartement 1 :
1. *Où est la 1re chambre ?* En face de l'entrée.
2. *Où est le séjour ?* Il est entre l'entrée et la 3e chambre.

Appartement 2 :
3. *Qu'est-ce qu'il y a à droite de l'entrée ?* Il y a une salle à manger.
4. *Le coin à gauche, qu'est-ce que c'est ?* C'est le séjour.

P. Drôle d'adresse

— *Voilà, on est maintenant dans* la rue de Sèze.
— *Oui, c'est là.*
— *C'est bien la rue où vous habitez ?*
— *Oui, oui, j'habite ici.*
— *À quel numéro ?*
— *Au numéro 16.*
— *Alors, vous habitez 16,* rue de Sèze ?
— *Oui, j'ai* une drôle d'*adresse.*
— *Et pas compliquée : 16 et Sèze, ça ne fait pas 32 !*

■ Unité 10 C'est en France (p. 42-47)

A. Aller

1. Ils *vont à* Paris
2. Vous *allez à la* poste ?
3. On *va au* restaurant ?
4. Je *vais à la* gare.
5. Tu *vas à l'*école.
6. Elles *vont au* cinéma.
7. Je *vais à la* maison.
8. On *va pas au* café ?
9. Pour *aller à l'*usine, je prends l'autobus.

B. OUI ou NON ?

1. Tu n'habites pas à Paris ?
Non, je n'y habite pas/Si, j'y habite.
2. Vous n'allez pas en France ?
Non, je n'y vais pas/Si, j'y vais.
3. On ne passe pas devant le cinéma ?
Non on n'y passe pas/Si, on y passe.
4. Elles ne vont pas au cinéma ?
Non, elles n'y vont pas/Si, elles y vont.
5. Elle n'est pas à Marseille ?
Non, elle n'y est pas /Si, elle y est.

C. ALLER ou PRENDRE ?

C'est l'été, et tout le monde *va* en Suisse, ou en Italie, ou en Espagne, ou en Grèce, là où il fait chaud. Marc *prend* le train pour *aller* au Portugal. Didier *va* à pied à Albertville, dans les Alpes. Claire et Jacqueline *prennent* l'avion pour *aller* en Suède, où il fait froid. Elsa *va* à Athènes, en Grèce. Paul parle anglais, et il *va* en Angleterre et en Écosse. Et moi ? Je ne *prends* pas le train, je ne *vais* pas en Angleterre : je *vais* à Marne-la-Vallée. Là, c'est le désert, en été.

D. Verbes

	1. ont sont vont			2. ai sais vais	
1.		✓ elles vont	1.	✓	je sais
2.		✓ ils vont	2.	✓	j'ai
3.	✓	elles ont	3.		✓ je vais
4.	✓	elles sont	4.	✓	j'ai
5.		✓ ils vont	5.		✓ je vais
6.	✓	elles sont	6.	✓	je sais
7.	✓	ils ont	7.	✓	j'ai

E. C'est loin de Paris ?

	distance (km)	durée (min)	moyen de transport (en, à...)
1. Grenoble ?	560 km	45 min	en avion
2. Marne-la-Vallée ?	15 km	20 min	en RER
3. Lille ?	215 km	2 780 min	à pied
4. Rome ?	1 500 km	112 min	en avion
5. Bordeaux ?	540 km	300 min	en train
6. Londres ?	340 km	280 min	240 min en voiture + 40 min en bateau
7. Marseille ?	770 km	1 heure	en avion
8. Copenhague ?	1 320 km	4 271 min	à vélo
9. Lyon ?	450 km	123 min	en train (TGV)

F. Attention, c'est compliqué !

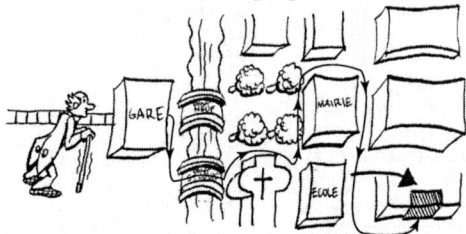

G. C'est facile

1. — Excusez-moi, je cherche une banque.
— C'est facile, *vous prenez* la rue de Paris, *vous passez* devant la mairie et *vous tour-*

83

LES CORRIGÉS

nez à droit entre la place de l'église. Après la poste, vous tournez à gauche dans la rue des écoles et la banque est au coin, à droite.
— Ah, très bien, je vois. Merci beaucoup et au revoir !
2. *Vous prenez ici à droite la rue Tourne-Port et vous passez sur le Pont Neuf. La gare est en face.*

H. Messages
Réponse possible :
Bonjour! Je t'attends devant la poste, sur la place de l'église.

I. Chez Yves
— *Pour aller chez Yves Buteil, vous prenez d'abord à gauche la route de Lyon, puis vous passez sur le pont à droite, et vous allez jusqu'à la poste. Vous tournez à droite avant la poste, vous passez devant la gare, ensuite vous tournez à droite, vous passez devant l'église ; enfin vous prenez la première rue après l'église.*

J. Petite annonce
Réponse possible :
À louer, Nice, appartement moderne, 3 chambres, séjour et salle à manger, 2 salles de bains. 1 500 €. tél. 04 17 58 78 13 12

K. Où vont-ils ?

il/elle va où?	c'est loin?	c'est compliqué?	il/elle y va comment?
1. à la gare	oui	oui	en taxi
2. au Brésil	oui	non	en avion
3. au commissariat	non	non	à vélo

L. Je ne suis pas d'ici
1. Vrai ou faux ?

La dame cherche :	vrai	faux
1. la poste	☒	☐
2. la banque	☐	☒
3. le restaurant	☒	☐
4. un garage	☒	☐
5. la mairie	☐	☒

2.

3. Écoutez et corrigez ce qui est différent.
— Oui. Ici, ~~c'est le~~ *on est au port* port. ~~À droite~~, *En face*, là-bas il y a la mairie. Derrière la mairie, il y a ~~la~~ *une* place : c'est la place de la Mairie. ~~Voilà~~ *Il y a* une église ~~en face~~ *à droite* de la place. La poste se trouve au ~~fond~~ *coin*, à droite de la place de la Mairie. L'entrée de ~~l'église~~ *la poste* est en face de ~~la poste~~ *l'église*.

4. Écoutez et complétez.
— Ah, ce n'est pas compliqué !
— Non. Et *derrière* la poste, à *gauche* de la Banque de France, vous avez un *restaurant* fantastique : *le* restaurant Napoléon.
— Le restaurant Napoléon ? Ah, *c'est* là ? Et il y a un garage *dans* la ville ?
— Oui, une station ELF. Vous *avez* des problèmes mécaniques ? *Pour aller à la station, du* restaurant, c'est *sur votre droite*.

M. Transformez.
1. Où est la mairie ? — *Vous savez où est la mairie ?*
2. Le restaurant est bien ? — *Vous savez si le restaurant est bien ?*
3. Où se trouve le port ? — *Vous savez où se trouve le port ?*
4. C'est loin ? — *Vous savez si c'est loin ?*
5. Le garage est à droite ou à gauche ? — *Vous savez si le garage est à droite ou à gauche ?*
6. C'est compliqué ? — *Vous savez si c'est compliqué ?*
7. Il y a un café, ici ? — *Vous savez s'il y a un café, ici ?*

N. Trouvez les questions.
1. — Pardon madame, je ne suis pas d'ici. *Vous savez où est la poste ?*
— Il n'y a pas de poste ici. Mais il y en a une à Dinan.
2. — *C'est loin ?*
— Non, dix minutes.
3. — *À pied ?*
4. — Non, en voiture. Vous *n'êtes pas en voiture ?*
5. — Si, mais elle est au garage. *Il y a un hôtel ici ?*
— Non, il n'y a pas d'hôtel non plus. C'est un petit village ici.
6. — Oui, je vois. Et *il y a un restaurant ?*
— Non plus. Mais on peut manger au café.
7. — *Il est où ?*
— Il est en face de la mairie sur la place.

O. Poème

J'habite un pays	J'habite un pays
Très loin d'ici	Très près d'ici
Il fait très froid	*Il fait très chaud.*
Là-bas	*Là ici.*
Il n'y a pas	*Il y a*
De train	*Des trains*
Pas d'avion	*Des avions*

On y va à pied ou à ski	On n'y va ni à pied ni à ski
On y va à cheval	On n'y va pas à cheval.
Il y a la montagne	Il y a la mer
Et il y a la neige	Et il y a le soleil
J'habite en hiver	J'habite en été

Unité 11 Tu aimes ? (p. 48-57)

A. Mots croisés

B. Séparez les mots pour retrouver la phrase.

— Unegrossevoitureestdevantlegrandhôtel.
→ *Une grosse voiture est devant le grand hôtel.*
— Lefrançaisestplusfacilequelesmathématiques. → *Le français est plus facile que les mathématiques.*
— Elleestvieilleetennuyeusecommelapluie.
→ *Elle est vieille et ennuyeuse comme la pluie.*

C. Complétez en choisissant.

1. Il adore les *vieilles* bandes dessinées.
2. Pierre et Marie sont très *sportifs*.
3. Ce sont des problèmes *ennuyeux*.
4. Elle est *folle* de moto.
5. La montre de Frédéric est plus *belle* que la montre de Michel.
6. Il y a une *grosse* chatte dans le jardin.

D. Adjectifs

1. be*au*
2. fo*u*
3. vie*ille*
4. bo*n*
5. gran*de*
6. pe*tite*
7. mauv*ais*
8. ner*veux*
9. gro*sse*
10. blon*de*
11. amusan*t*
12. sporti*f*

E. Verbes

1. *elle* aime
2. *ils* aim*ent*
3. *on* aime
4. *vous* aim*ez*
5. *elles* aiment
6. *je* préfère
7. *il* préfère
8. *elles* préf*èrent*
9. vous préfé*rez*

F. Climats

Réponses possibles :
Il fait plus chaud au Portugal qu'en Angleterre. Le temps est plus beau en France qu'en Italie. Il fait plus froid en suisse qu'en Allemagne....

G. Trouvez la question.

1. — *Qu'est-ce que tu détestes ?/Tu aimes les voitures et les motos ?*
— Je déteste les grosses voitures et les grosses motos.
— *Pourquoi ?*
— Parce que c'est cher et ennuyeux.
2. — *Où est-ce que tu vas ?*
— Au cinéma.
— *Pourquoi ?*
— Parce qu'il y a un bon film.
— *Quel film ?/Qu'est-ce que c'est comme film ?*
— C'est un film de Charlie Chaplin.
— *C'est un film amusant ?*
— Très amusant !

I. Graffiti

Exemple de réponse attendue : *Je préfère l'été parce qu'en hiver j'ai toujours froid.*

J. Comparaisons

	Valérie	Nicolas
1. rapide	+	−
Le vélo de Valérie est plus rapide que le vélo de Nicolas.		
2. grand	−	+
Valérie est petite et Nicolas est grand		
3. riche	−	+
Elle est moins riche que Nicolas.		
4. sportif	+	−
Valérie est sportive. Nicolas ne l'est pas.		
5. ennuyeux	−	−
Elle est aussi peu ennuyeuse que Nicolas.		
6. brun	−	+
Valérie est blonde. Nicolas est brun.		
7. bon	+	−
Le portable de Valérie est meilleur que le portable de Nicolas.		

K. On aime ?

	Non	un peu	beaucoup
1.	✓		
Vous aimez la musique pop ? Moi, pas du tout !			
2.		✓	
C'est une très belle voiture !			
3.	✓		
C'est un très mauvais restaurant !			
4.		✓	
Jacqueline est assez sympa.			
5.			✓
Vous aimez le professeur de français ? – À la folie !			
6.	✓		
Voyons ! Ça ne m'ennuie pas !			
7.		✓	
Ça me plaît assez, ça			

LES CORRIGÉS

8. ✓
Le film n'est pas ennuyeux.
9. ✓
J'aime passionnément Laurent !
10. ✓
J'aime bien Jean-Jacques Goldman.

L. Faites correspondre la question et sa réponse.

1. Pourquoi Pierre ne va pas au cinéma ?
d. Il n'aime pas les films de Chaplin.
2. Tu ne prends pas l'avion pour aller en Angleterre ?
e. Non, parce que je suis malade.
3. Pourquoi tournez-vous à gauche ?
f. Parce que je vais à Lyon et ensuite à Grenoble.
4. Ils préfèrent les Mercedes ?
b. C'est normal. Ils sont allemands.
5. Je prends votre voiture ?
c. Je vous en prie.
6. Il ne part pas parce qu'il a peur ?
a. Non, parce qu'il pleut.

M. Les différences

1. Il fait/ne fait pas beau.
2. La voiture de droite est plus grosse que la voiture de gauche.
3. La voiture de droite est plus moderne que la voiture de gauche.
4. La personne de droite est plus riche que la personne de gauche (les vêtements sont différents).

N. La banlieue

1. Vrai ou faux ?

	vrai	faux
1. Il habite au centre-ville.	☐	☒
2. Échirolles est situé à l'est de Grenoble.	☐	☒
3. Échirolles est près du centre.	☐	☒
4. Pour lui, les appartements au centre sont plus chers.	☒	☐
5. Il va chez lui à pied.	☐	☒
6. Elle habite loin de la gare.	☐	☒
7. Elle a un appartement moderne.	☐	☒
8. Il a froid en hiver chez lui.	☐	☒
9. Elle préfère habiter au centre.	☒	☐

2. Écoutez et complétez.
— *Dis*, où *est-ce* que tu habites ?
— À Échirolles, c'est *dans* la banlieue *est*.
— C'est *sympa* ?
— Échirolles ? Pas du *tout* ! Tu *sais*, la banlieue, c'est *laid* et *ennuyeux* !
— Mais pourquoi est-ce *que* tu habites *là-bas* ?
— Parce que c'est *moins* cher *qu'*au centre de Grenoble !
— Tu *prends* le bus pour *y* aller ?

O. Comparez les appartements à Grenoble et en banlieue.

1. Il fait plus chaud en été *à Grenoble* qu'en banlieue.
2. Il fait plus froid en hiver *à Grenoble* qu'*en banlieue*.
3. Les appartements de la banlieue sud sont moins chers *que les appartements de la banlieue nord*.
4. Les appartements de la banlieue nord sont *moins* loin du centre que *les appartements de la banlieue sud*.
5. Il fait un peu *moins* chaud en été dans la banlieue nord que *dans la banlieue sud*
6. Il fait un peu moins froid en hiver dans la banlieue sud que dans la banlieue nord.

P. Trouvez les questions.

1. — *Tu habites en banlieue/dans la banlieue ?*
— Non, au centre-ville.
2. — *Où exactement ?*
— près de la gare.
3. — *Tu travailles loin de chez toi ?*
— Non, je travaille à côté. Ce n'est pas loin.
4. — *Ton appartement est grand ?*
— Non, il n'est pas très grand.
5. — *C'est plus grand/il est plus grand que chez moi ?*
— Non, c'est plus petit que chez toi.
6. — *C'est un appartement moderne ?*
— Non, c'est un vieil appartement.

Unité 12 « Tu as une grande famille ? » (p. 58-61)

A. La famille

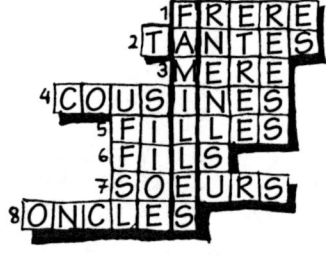

B. Son, sa, ses.

son auto – *ses* lunettes – *sa* barbe – *ses* copains – *sa* copine – *son* usine – *son* entreprise – *son* mari – *sa* femme – *ses* sœurs – *ses* livres – *sa* valise – *sa* question – *son* domicile – *son* école.

C. Un arbre généalogique

— Comment s'appellent mes parents ? *Brigitte et Nicolas*
— Comment s'appelle ma grand-mère ? *Thérèse*
— Elle a quel âge ? *71 ans*
— J'ai combien d'oncles et de tantes ? *Deux tantes et un oncle*

LES CORRIGÉS

— Mon oncle Didier a combien d'enfants ? *Trois*
— Et il a quel âge ? *46 ans*
— Est-ce que ma tante Anne est mariée ? *Non*
— J'ai combien de cousins et de cousines ? *Trois*
— Ils ont quel âge ? *1, 7 et 14 ans*
— J'ai combien de sœurs ? *Deux*

D. Complétez le tableau des verbes.

	vouloir	voir	connaître
Tu	*veux*	*vois*	*connais*
On	*veut*	*voit*	*connaît*
Nous	*voulons*	*voyons*	*connaissons*
Elles	*veulent*	*voient*	*connaissent*

	prendre	savoir	préférer
	prends	*sais*	*préfères*
	prend	*sait*	*préfère*
	prenons	*savons*	*préférons*
	prennent	*savent*	*préfèrent*

E. Quel est le mot ?
1. *oncle*   2. *cousine*   3. *frère*
4. *mère*   5. *tante*

F. Singulier ou pluriel ?

	Singulier	Pluriel	On ne sait pas	
1.	✓			*il veut*
2.		✓		*elles veulent*
3.		✓		*ils se reconnaissent*
4.	✓			*il ressemble à sa sœur*
5.			✓	*il(s) porte(nt) des lunettes*
6.		✓		*elles rentrent ensemble*
7.			✓	*il(s) croi(en)t ça*
8.			✓	*elle(s) s'ennuie(nt)*

G. Complétez avec : on – votre – leurs – ses – nos – etc.

1. — Pardon monsieur, c'est *votre* voiture ?
— Oui, c'est *ma* voiture. Pourquoi ?
2. — Dis, ce sont *vos/tes* cousines, sur la photo ?
— Oui, ce sont *mes* cousines. Et à côté d'elles, c'est *leur* père, l'oncle Jacques.
— Et derrière elles, on voit *leurs* bicyclettes et *leur* maison ?
— Oui, c'est ça.
3. — C'est le bébé de *vos/tes* amis ?
— Oui, c'est *leur* bébé. Il a six mois.
4. — Dis, où sont *tes/mes* livres de maths ?
— Dans *ta/ma* chambre.
— Et les bandes dessinées de *ton/mon* frère ?
— *Ses* bandes dessinées ? Je ne sais pas. Peut-être dans *leur* chambre.
5. — Où est *votre* maison ?
— *Ma* maison ? Attendez…vous savez où habitent les Durand ?
— Oui, je les connais bien : ce sont *mes* amis. *Leur* maison est derrière l'église.
— C'est ça. Moi, j'habite à coté de *leur* maison, à droite.

H. ON ou ONT ?
Complétez avec la forme qui convient.
1. Mes amis et moi, *on* aime beaucoup le rock.
2. Qu'est-ce qu'*on* fait ce soir ?
3. Ils *ont* le même âge.
4. Qu'est-ce qu'elles *ont* comme voiture ?
5. *On* y va comment ?
6. Tes amies *ont* beaucoup de CD ?
7. *On* connaît bien les Durand.
8. Combien de copines *on* invite ?

J. Généalogie

	Vrai	Faux	
1.	☐	☒	*Mon père s'appelle Michel*
2.	☒	☐	*Ma mère s'appelle Brigitte.*
3.	☐	☒	*Mon père a une sœur (deux : Laurence et Anne)*
4.	☒	☐	*Sa sœur s'appelle Laurence*
5.	☐	☒	*Laurence a 49 ans (39 ans)*
6.	☒	☐	*Elle est mariée avec Didier*
7.	☐	☒	*qui a 56 ans (Didier a 46 ans)*
8.	☐	☒	*Didier et Laurence ont deux enfants (ils ont trois enfants)*
9.	☒	☐	*François qui a un an*
10.	☐	☒	*et Marie qui a 13 ans (elle a 7 ans)*

K. Mathématiques
1. Quel est l'âge de Marie ? *22 ans*
2. L'oncle Jules a quel âge ? *76 ans*
3. Ma copine Joëlle a quel âge ? *21 ans*
4. Quel est l'âge du chien Fidèle ? *2 ans*

L. Quelles sont les questions ?
— Tu connais Richard ?
— Non, *qui est-ce/c'est qui* ?
— C'est un copain.
— *Il a quel âge* ?
— 21 ans.
— *Il a des frères et sœurs* ?
— Deux frères et une sœur.
— *Il habite où/quelle est son adresse* ?
— 14 rue Vercingétorix.
— *Il habite seul* ?
— Non, mais il habite avec une copine.
— *Il est comment* ?
— Il porte une barbe et il est assez grand.

M. Interview à la radio
1. Vrai ou faux ?

	Vrai	Faux	On ne sait pas
1. Sylvie Rameau n'aime pas les questions des journalistes.	☐	☒	☐
2. Elle ne veut pas dire son âge.	☒	☒	☐
3. Elle aime faire la cuisine.	☐	☐	☒
4. Elle aime voyager.	☒	☐	☐
5. Elle aime la moto.	☐	☐	☒

LES CORRIGÉS

6. Elle adore la voiture. ☒ ☐ ☐
7. Elle n'est pas sportive. ☐ ☒ ☐
8. Elle a des amis. ☒ ☐ ☐
9. Elle aime les films d'aventure. ☒ ☐ ☐
10. Le journaliste dit « tu » à l'actrice. ☐ ☒ ☐
11. Le journaliste parle de chansons. ☐ ☒ ☐
12. Ils parlent de voyages. ☒ ☐ ☐
13. Ils parlent de films. ☒ ☐ ☐

2. Combien de fois entendez-vous…
1. … le journaliste dire « bon »? *5 fois*
2. … l'actrice dire « bien sûr » ? *4 fois*
3. … l'actrice dire « j'aime » ? *4 fois*
4. — ~~Sophie~~ *Sylvie* Rameau, ~~bonsoir~~ *bonjour* et merci de venir ~~ici~~ *chez nous* à Radio-Plus.
— ~~Bonsoir~~ *Bonjour*.
— Bon. Je ~~vais~~ *voudrais* vous poser une ou deux questions…
— Bien sûr. J'aime ~~toujours~~ *beaucoup* les questions des journalistes.
— Ah ? Bon. C'est ~~très bon~~ *formidable*, ~~ça.~~ Alors, quel âge vous avez ?
— Euh… ~~C'est une très bonne~~ *J'adore ce genre de* question !

N. Faites correspondre.
1. J'aime beaucoup — *d. les questions des journalistes.*
2. La moto est plus sympa — *c. que la voiture.*
3. Vous êtes vraiment — *f. une très jeune actrice.*
4. Merci. — *g. de venir chez nous.*
5. Vous avez — *a. quel âge ?*
6. Je suis née — *e. un 29 février.*
7. Je voudrais — *b. vous poser une question.*

O. Transformez comme dans l'exemple.
1. Qu'est-ce qui est la plus rapide, votre moto ou sa voiture ?
Ma moto est plus rapide que sa voiture.
2. Qui est le plus sportif, votre mari ou vous ?
Mon mari est plus sportif que moi.
3. Qu'est-ce qui est le plus intéressant pour vous, un livre ou un film ?
— *Pour moi, un livre est plus intéressant qu'un film.*
4. Qu'est-ce qui est le plus agréable pour vous, un voyage en bateau ou un voyage en avion ?
— *Pour moi, un voyage en bateau est plus agréable qu'un voyage en avion.*
5. Qu'est-ce qui est le plus important pour vous, la vie de famille ou la profession ?
— *Ma vie de famille est plus importante que ma profession.*

Unité 13 Tous les jours (p. 62-67)

A. Mots croisés : les 7 jours de la semaine

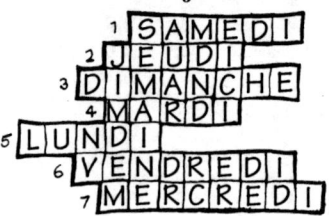

B. Il est quelle heure ?
Quand il est midi à Paris, il est sept heures du matin à New York.
Quand il est midi à Paris, il est vingt-deux heures/dix heures du soir à Tokyo.
Quand il est midi à Paris, il est onze heures du matin à Dakar.
Quand il est midi à Paris, il est quatorze heures/deux heures de l'après-midi à Moscou.
Quand il est midi à Paris, il est cinq heures du matin à Los Angeles.
Quand il est midi à Paris, il est vingt-deux heures/dix heures du soir à Sydney.
Quand il est midi à Paris, il est quatorze heures au Caire.
Quand il est midi à Paris, il est six heures du matin à Mexico.

C. Quelle heure est-il ?
Il est quatre heures du matin ou de l'après-midi.
Il est deux heures du matin ou de l'après-midi.
Il est deux heures moins vingt du matin ou de l'après-midi.
Il est trois heures moins dix du matin ou de l'après-midi.
Il est midi ou minuit.
Il est trois heures et demie du matin ou de l'après-midi.

D. Quel est le mot ?
1. *matin* 2. *midi* 3. *soir* 4. *nuit*

E. Singulier ou pluriel ?

	singulier	pluriel	on ne sait pas	
1.		✓		ils aiment leur travail
2.		✓		elles lisent un livre
3.			✓	il(s) se lève(nt) le matin
4.	✓			elle lit tous les soirs
5.	✓			il téléphone à ses amis
6.	✓			elle arrive à 5 heures et demie
7.		✓		ils rencontrent leurs voisins
8.			✓	elle(s) discute(nt) toujours

F. Complétez avec la forme qui convient.
Il arrive au/à la/à l' :
à la discothèque   *à l'* hôtel
à la banque   *à la* poste
à la gare   *au* bureau
au cinéma   *à l'* usine

Elle part du/de la/de l' :
de l' église   *du* café
de la cafétéria   *de la* place
du boulot   *de la* mairie
du commissariat de police

G. Mots croisés

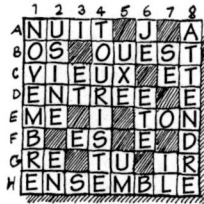

H. Retrouvez le sens de la phrase en barrant les mots inutiles.
1. Je n'ai pas ~~du~~ le temps de retourner chez moi ~~en retard~~ pour manger à midi ~~pas~~.
2. Le dimanche, en général, je ne me lève ~~pas~~ jamais tôt le ~~soir~~ matin ~~jeudi~~.
3. Avant ~~de~~ sept heures du matin, et après ~~le~~ à dix heures du soir, le réceptionniste de ~~du~~ l'hôtel a le temps de ~~à~~ parler avec les clients.

I. Les Dubois
Madame Dubois se lève tôt le matin. Elle prend son petit déjeuner avec son mari. Elle va avec lui à son travail vers huit heures. Elle n'arrive jamais en retard. Elle déjeune seule à la cantine de son usine. Le soir, elle retourne à la maison, elle y mange, elle discute un peu avec son mari ou elle lit ses journaux, et ensuite, elle se couche. Le dimanche, elle va à la campagne ou chez ses amis.

J. Pardon monsieur, vous avez l'heure ?
1. cinq heures moins cinq. – 2. cinq heures. – 3. 5 h 1/4. – 4. 7 h moins le quart. – 5. 8 h moins 25. – 6. 9 h 20. – 7. 11 h 1/4. – 8. 11 h 25. – 9. midi moins 5. – 10. midi moins le quart. – 11. midi et demie – 12. minuit cinq.

K. Complétez les phrases avec les mots suivants : de – vers – tard – après – jusqu'à.
1. Je suis fatiguée, et demain je dors *jusqu'à* midi.
2. *De* 8 h à midi, elle n'est pas libre, elle va au bureau.
3. Ils ont l'habitude de se lever *tard* ?
4. Tous les soirs, *vers* minuit, je lis encore.
5. Téléphonez *après* 14h, il ne rentre jamais avant.
6. Nous partons en général toujours à la même heure *vers* midi.

L. Mettez les verbes entre parenthèses à la bonne forme.
1. Vous êtes en retard mais vous ne vous *vous dépêchez* pas beaucoup.
2. Dans quelle ville ils *vivent* en Italie ?
3. À quelle heure *pars*-tu ?
4. Je ne sais pas dans quel hôtel nous *dormons* ce soir.
5. Qu'est-ce qu'elle *lit* ?
6. Demain, on *se lève* tôt.

M. Mathématiques
1. Quatre fois par heure, ça fait ? *Tous les quarts d'heure.*
2. Ça fait combien, 6 fois par jour ? *Toutes les deux heures.*
3. Deux fois par mois, *Toutes des deux semaines.*
4. Une fois par jour ? *Toutes les vingt-quatre heures*
5. Six fois par an ? *Tous les deux mois*
6. Vingt-quatre fois par jour ? *Toutes les heures*
7. Sept fois par semaine ? *Tous les jours*
8. Vingt-six fois par an ? *Toutes les deux semaines*
9. Cent soixante-huit fois par semaine ? *Toutes les vingt-quatre heures/tous les jours*

N. Au travail !
1. Quel est leur travail ?
1. Jeanne : elle *travaille dans une usine.*
2. Élisabeth : elle *travaille dans une usine.*
3. Jacques : il *travaille dans un journal.*
4. Julien : il *travaille chez lui*

2. Choisissez la bonne réponse.
a. Jeanne se lève   tôt ☒   tard ☐
b. Jeanne se couche   tôt ☒   tard ☐
c. Elle déjeune chez elle ☐   à la cafétéria ☒
d. Elle dîne   chez elle ☒   à la cafétéria ☐

3. Trouvez les contraires (dans l'enregistrement).
1. se lever ≠ *se coucher*   5. rester ≠ *partir* .
2. le jour ≠ *la nuit*   6. soir ≠ *matin*
3. tôt ≠ *tard*   7. en famille ≠ *seul*
4. toujours ≠ *jamais*

O. Ma femme

	Vrai	Faux
1. Qui parle ? Le père ?	☐	☒
		Le mari
2. Nathalie est au travail ce soir-là.	☒	☐
3. Elle a faim.	☒	☐
	Je te prépare un petit truc.	
4. Elle travaille avec des ordinateurs.	☒	☐
5. Il aime son emploi du temps.	☐	☒
6. Elle dort toujours très tard.	☐	☒
7. Elle fait ce qu'elle veut.	☐	☒
8. Il pense que sa femme travaille bien.	☒	☐
	Elle est géniale.	
9. Pour lui, l'informatique, c'est simple.	☐	☒

LES CORRIGÉS

2. Écoutez et complétez.
Il y a des jours *où* elle n'a pas beaucoup de *travail* : elle dort *quand* je pars travailler, elle se *lève* tard et elle reste une *heure* sous *douche*. Et puis, il y a des jours, au *contraire*, où elle prend son *petit* déjeuner très tôt, *devant* son ordinateur pour se *dépêcher*, et elle travaille *tard* le soir…

P. Complétez.
1. Élisabeth travaille dans *un* bureau. Elle va *au* bureau vers 9 heures.
2. Jacques travaille dans *un* journal. Il va *au* journal même la nuit.
3. M. Dupond travaille dans *une* école. Il va *à l'*école tous les jours, sauf le dimanche.
4. Mon père travaille dans *une* gare. Il va *à la* gare très tôt tous les matins.
5. Ma sœur travaille dans *un* supermarché. Elle va *au* supermarché à 11 heures du matin

Q. Complétez avec : tout – tous – toute – toutes.
Toutes mes amies travaillent dans un bureau : ce n'est pas amusant *tous* les jours. Elles se rencontrent *toutes* à la cafétéria : elles n'y mangent pas beaucoup parce qu'elles parlent *tout* le temps. Et c'est comme ça *toute* la semaine, sauf le samedi et le dimanche.

■ Unité 14 La valise grise (troisième épisode) (p. 68-73)

A. Complétez avec la bonne forme (entre parenthèses).
1. Aujourd'hui, je me *sens* vraiment mieux.
2. Vous êtes fatiguée, il *faut* aller chez le médecin.
3. Il ne faut pas trop *manger*.
4. Elles *se reposent* avant d'aller au travail.
5. Vous *appelez* le médecin ?
6. Ils *boivent* beaucoup trop de café !
7. Je *dois* me dépêcher !
8. Vous *pouvez* passer à la maison ?

B. Avec des S

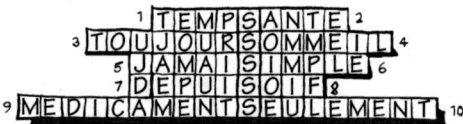

C. Complétez avec : à – à la – au – aux.
1. Il a mal *au* dos et *à la* tête, et il n'a pas envie d'aller *au* bureau.
2. Elle a mal *aux* dents et elle téléphone *au* dentiste.
3. Ils ont mal *à la* gorge parce qu'ils fument beaucoup.
4. Elles ont mal *aux* oreilles et *aux* yeux et elles appellent le médecin.
5. Pierre a très mal *à la* jambe gauche et il reste *au* lit.
6. Julie conseille *à* Paul qui a mal *au* ventre de manger moins de sucreries.

D. Singulier ou pluriel ?

	singulier	pluriel	on ne sait pas	
1.	✓			il boit trop de café
2.		✓		ils peuvent venir
3.	✓			elle vient aujourd'hui
4.		✓		elles se sentent mieux
5.			✓	elle(s) se repose(nt) toute la journée
6.	✓			il veut partir
7.			✓	il(s) fume(nt) beaucoup trop
8.	✓			elle peut manger des sucreries
9.		✓		ils boivent vraiment trop
10.		✓		ils se sentent très bien

E. Moi, au contraire !
Moi au contraire, le soir, je sors/je ne reste pas à la maison et je ne regarde jamais la télévision. Et je me couche assez tard. Je sors le samedi et le dimanche parce qu'après une semaine de travail, je me sens très bien. Alors je peux me fatiguer un peu.

F. Une lettre
Chère Nicole,
Salut. Ça va ? Moi, ça ne va pas. Je suis vraiment malade et je ne peux plus dormir depuis une semaine. Je n'ai pas de fièvre, mais je suis très fatiguée et j'ai très mal à la tête. Je ne peux pas aller à l'école. Je regarde tous les programmes de télévision et je m'ennuie un peu.
À bientôt
Sylvie

G. Histoire
1. Révolution française : *le 14 juillet 1789*
2. Bataille de Waterloo (Napoléon) : *le 18 juin 1815*
3. Fin de la Première Guerre mondiale : *le 11 novembre 1918*
4. Fin de la Deuxième Guerre mondiale : *le 8 mai 1945*
5. Le général de Gaulle est élu président de la République : *le 21 décembre 1958*
6. Indépendance de l'Algérie : *le 18 mars 1962*
7. Jacques Chirac est élu président de la République : *le 5 mai 2002*

H. Faites correspondre la question et sa réponse.
1. Depuis combien de temps il est ici ?
e. Deux heures.

LES CORRIGÉS

2. Vous êtes toujours là, le soir ?
d. Oui, sauf le samedi.
3. On est quel jour, aujourd'hui ? *i. Samedi.*
4. Ils viennent d'où ? *a. De Grenoble.*
5. Vous êtes malade ? *g. Non, j'ai seulement peur...*
6. Qui a téléphoné ? *f. Paul.*
7. Vous avez mal où ? *b. À la tête.*
8. C'est impossible ? *l. Non, mais ce n'est pas facile !*
9. Tu as vraiment soif ? *c. Oui, et je bois beaucoup.*
10. Tu passes chez moi ? *h. Oui, à quelle heure ?*

I. Depuis combien de temps ?
1. *J'apprends le français depuis... 6 mois ?/7 mois ?/8 mois ?...*
2. *Je vais à l'école depuis... 6 ans ?/ 7 ans ?/8 ans ?...*
3. *Je regarde la télé le soir depuis... 2 ans ?/1 an ?...*
4. *J'habite à mon adresse actuelle depuis...*

J. TRÈS ou TROP ?
1. Il se repose beaucoup *trop* le dimanche.
2. Il se sent vraiment *très* mal depuis deux jours.
3. Il fume beaucoup *trop* le soir.
4. Un rhume, ce n'est pas *très* dangereux !
5. Ça ne va vraiment pas *très* bien !
6. Elle a vraiment *très* envie de passer nous voir.
7. On s'ennuie *trop* chez elle !

K. Il est malade
Le président de la République est (~~pas bien~~ – ~~mal~~ – malade) pour la première fois (depuis – ~~toujours~~ – ~~jamais~~) 3 ans. Il (a – ~~est~~ – se sent) mal à la tête et aux (~~gorge~~ – yeux – ~~œil~~), et les médecins disent qu'il doit (~~sommeil~~ – se reposer – ~~dormir~~) deux ou trois jours, mais que ce n'est pas (grave – ~~partout~~ – ~~impossible~~). Il est simplement (~~sauf~~ – seulement – ~~seul~~) fatigué parce qu'il a (~~moins~~ – ~~jamais~~ – trop) de travail. C'est la première fois que le Président ne (peut – ~~a envie~~ – ~~veut~~) pas travailler du matin au soir comme (~~hier~~ – toujours – ~~aujourd'hui~~).

L. Pourquoi ? Parce que...
1. *Je veux dormir, mais je ne peux pas, parce que j'ai trop mal à la tête !*
2. *Il veut manger tout de suite parce qu'il a très faim.*
3. *Je voudrais boire quelque chose de froid parce qu'il fait très chaud ici.*
4. *Elles ne fument pas parce qu'elles trouvent ça stupide.*
5. *Elle lit un très gros livre parce qu'elle est en vacances.*
6. *Je ne vais pas au collège aujourd'hui parce que suis malade.*
7. *Ils doivent rester au lit parce qu'ils ont de la fièvre.*

M. À quelle heure ?
1. Notez l'heure
a. Pierre arrive à quelle heure ? *À midi*
b. Marie part au travail à quelle heure ? *À huit heures*
c. À quelle heure est-ce que Jacques se couche ? *À 9h 25*
d. Odile se lève à quelle heure le dimanche ? *À 2 heures et demie*
e. À quelle heure est-ce que les Ligier déjeunent ? *À midi et demie (ils restent à table de 12h30 à 16h30)*
f. La famille Trucmuche prend son petit déjeuner à quelle heure ? *À 6h et demie*

2. Vrai ou faux ?

	Vrai	Faux
a. Pierre n'est pas là.	☒	☐
b. Marie prend le bus et le métro pour aller au travail.	☒	☐
c. Pour Jacques, 9 h 25, c'est tard.	☒	☐
d. Le dimanche, Odile reste au lit toute la journée.	☐	☒
e. Les Ligier mangent beaucoup.	☒	☐
f. Les Trucmuche déjeunent tous les jours à dix heures.	☐	☒

3. a. — *Dis, Pierre n'est pas là ?*
b. — *Vous partez, Marie ? Mais vous travaillez à quelle heure ?*
c. — *Tu vas te coucher, Jacques ?*
d. — *Et ta sœur Odile ? — Elle y reste toute la journée ?*
e. — *Ils mangent beaucoup, les Ligier ?*
f. — *Et la famille Trucmuche ? — À quelle heure ?*

N. Mon mari
1. Pourquoi dit-elle que « c'est le genre tranquille » ?
Parce qu'il aime faire toujours les mêmes choses à la même heure.
— Qu'est-ce qu'un « hypocondriaque » ?
C'est quelqu'un qui croit toujours qu'il est malade.
— Son mari a peur de quoi ?
Il a peur d'être malade.

2. Vrai ou faux ?

	Vrai	Faux	On ne sait pas
a. Il travaille dans un hôpital.	☐	☒	☐
b. Il quitte la maison tous les jours à 7 h.	☐	☐	☒

LES CORRIGÉS

c. Il ne dort pas assez.	☐	☐	☒
d. Il est toujours en forme le dimanche.	☐	☐	☒
e. Il prend des médicaments.	☒	☐	☐
f. Il boit de l'alcool.	☐	☒	☐
g. Elle trouve son mari ennuyeux.	☐	☒	☐
h. Il s'appelle Jules.	☐	☒	☐

3. Écoutez et complétez.
Bonjour. Vous vous *souvenez* de moi ? Bon… Mon mari, il est *employé* dans une petite banque *régionale*. Il n'est pas *du tout* comme moi : c'est *le genre* tranquille, qui aime *bien* partir tous les jours *au boulot* à la même heure, *rentrer* à la même heure, et *lire* le même journal tous les *matins*.

O. Répondez en utilisant Y.
1. Élisabeth rencontre beaucoup de gens au bureau ?
— *Oui, elle y rencontre beaucoup de gens.*
2. Les Ligier restent combien de temps à table ?
— *Ils y restent quatre heures.*
3. Comment est-ce que Marie va travailler ?
— *Elle y va en bus et en métro.*
4. Jacques va au journal ce matin ?
— *Non, il n'y va pas.*
5. Jeanne mange à la cantine aujourd'hui ?
— *Non, elle n'y mange pas.*
6. Le dimanche, les ouvriers vont à l'usine ?
— *Non, ils n'y vont pas.*

■ Unité 15 Bon appétit ! (p. 74-78)

A. Complétez les phrases.
1. Qu'est-ce qu'ils *achètent* ?
2. Tu m'*ennuies* avec tes conseils !
3. Vous *venez* me voir ce soir ?
4. Elles *peuvent* en boire beaucoup.
5. Il *doit* arrêter de manger des gâteaux !
6. Vous vous *achetez* des croissants ?
7. Ils ne *font* rien et ils *s'ennuient*.
8. Elle ne *vient pas* chez moi : elle ne *peut* pas.

B. Reliez les deux parties de ces phrases.
1. Ils ont bon — f. appétit.
2. Ils ont — d. des goûts bizarres.
3. Elle boit — j. de l'eau minérale.
4. Il se sent mal — a. de la tête aux pieds.
5. Il fait bien — h. la cuisine.
6. C'est une — b. drôle de soupe.
7. J'achète — e. des fruits et des légumes.
8. Je pense que — i. c'est plus sain.
9. Il en reste — c. encore trois.
10. Elle est là depuis — g. combien de temps ?

C. Singulier ou pluriel ?

	singulier	pluriel	on ne sait pas	
1.		✓		ils dorment mal
2.	✓			elle arrête de fumer
3.			✓	il(s) lui conseille(nt) de mieux manger
4.		✓		elles se sentent fatiguées
5.		✓		ils achètent de l'eau minérale
6.	✓			elle ne peut jamais sortir le soir
7.	✓			il doit prendre des médicaments
8.	✓			elle achète des croissants
9.	✓			il a toujours bon appétit
10.		✓		ils doivent se reposer

D. Complétez avec : un – une ou du – de la – des.
1. Vous voulez *des* fruits ? Voilà *du* raisin.
2. Elle achète *un* croissant et *une* baguette à la boulangerie.
3. Elle boit *du* lait tous les matins.
4. Elle prend toujours *des* frites et *de la* salade à midi.
5. Il est malade et il doit prendre *des* médicaments.
6. On a *du* pain et *du* fromage à la maison ?
7. Manger *de la* soupe et *un* œuf au déjeuner, c'est bizarre !

E. Au contraire !
premier ≠ *dernier*   amuser ≠ *ennuyer*
riche ≠ *pauvre*   aller à ≠ *venir de*
simple ≠ *compliqué*   en retard ≠ *en avance*
travailler ≠ *se reposer* bien ≠ *mal*
sauf ≠ *par exemple*   ne… plus ≠ *encore*
arrêter ≠ *commencer*   un aller ≠ *un retour*
bon ≠ *mauvais*   rester ≠ *partir*

F. Un bon conseil
Utilisez l'impératif.
1. Il faut arrêter de fumer ! → *Arrête de fumer/arrêtez de fumer !*
2. Il faut venir me voir ! → *Viens/venez me voir !*
3. Il faut acheter des fruits ! → *Achète/achetez des fruits !*
4. Il faut appeler le médecin ! → *Appelle/appelez le médecin !*
5. Il faut vous lever plus tôt ! → *Lève-toi/levez-vous plus tôt !*
6. Il faut vivre mieux ! → *Vis/vivez mieux !*
7. Il faut lire tout le livre ! → *Lis/lisez tout le livre !*
8. Il faut dormir plus ! → *Dors/dormez plus !*

G. MIEUX ou MEILLEUR ?
1. Le pain est bon, mais les croissants sont *meilleurs* : j'aime bien le pain mais j'aime *mieux* les croissants.

LES CORRIGÉS

2. C'est un mauvais hôtel, et l'hôtel d'en face est vraiment *meilleur*
3. Mon père fait *mieux* la cuisine que ma mère : sa cuisine est *meilleure*, elle me plaît plus.
4. Depuis 3 jours, je me sens *mieux*, je suis en *meilleure* forme.
5. Elle parle *mieux* français que moi, et elle est aussi *meilleure* que moi en mathématiques.
6. Ils trouvent sa musique *meilleure* : elle chante beaucoup *mieux*.
7. Pour avoir *meilleur* appétit, il faut manger moins de sucre !
8. Maintenant, il fait moins chaud la nuit, et je dors *mieux*.
9. Il ne pleut plus : le temps est *meilleur* qu'hier.

H. Logo-rallye
Quelques possibilités :
Je n'ai plus envie d'omelette.
Il pense que j'ai peut-être de la fièvre.
Ma cousine ressemble à sa mère, bien sûr !
En général je pars en vacances en août.
Il se dépêche d'aller au bureau parce qu'il est en retard.
Aujourd'hui il faut penser à aller à l'infirmerie.
Il ne peut pas travailler, il a toujours mal à la main droite.

I. Combien de baguettes ?

	Vrai	Faux	Peut-être
1. Ils sont mariés depuis 5 ans.	☐	☐	☒
2. Ils achètent deux baguettes.	☐	☒	☐
3. Ils achètent aussi des croissants.	☒	☐	☐
4. Elle est brune.	☐	☐	☒
5. Ils achètent des œufs.	☒	☐	☐
6. On est en juillet, août ou septembre.	☐	☐	☒
7. C'est un lundi matin.	☐	☒	☐
8. Ils font tous les deux la cuisine à la maison.	☒	☐	☐
9. Il est végétarien.	☐	☒	☐
10. Il fait presque toujours la même chose.	☒	☐	☐

J. Reliez les deux parties des phrases.
1. Pour faire une omelette, *d. il faut des œufs.*
2. Pour votre santé, *g. mangez sain tous les jours.*
3. Il m'ennuie *e. avec ses conseils.*
4. Faites du sport *b. pour rester en forme.*
5. Merci, je ne veux *a. plus rien.*
6. Aujourd'hui, la salade a un *i. goût bizarre, tu ne trouves pas ?*
7. J'en prends *f. volontiers encore un peu.*
8. Il dit qu'il se sent mal *c. pour rester à l'infirmerie !*
9. Pour rester mince, *h. mangez moins de sucreries.*

L. On sort ?
— Quels sont ses problèmes ? *Il est un peu gros et il a mal aux jambes parce qu'il mange trop (surtout des sucreries) et il ne fait pas de sport.*
— Qu'est-ce qu'il aime ? *Le chocolat, les sucreries, les gâteaux, le Coca, la limonade… et les émissions sur la cuisine.*
— Qu'est-ce qu'il fait, à la fin ? *Il sort pour acheter à manger*

Écrivez les 5 questions.
— *Pas toi ?*
— *Tu* trouves que je mange trop de sucre et que je ne fais pas assez de sport ?
— On *sort acheter de quoi manger ?*
— *Tu es d'accord ?*
— *J'achète seulement de l'eau minérale ?*

M. À la télévision
— Il s'appelle comment ? *Pierre Henry*
— Est-ce qu'il aime faire la cuisine ? *Oui.*
— Qu'est-ce qu'il adore ? *Les omelettes.*
— Est-ce que vous avez envie de manger chez lui ? Pourquoi ?
Oui, mais une seule fois, parce qu'il doit manger des omelettes tous les jours.
— Qu'est-ce que le présentateur de télévision pense de lui ?
Qu'il est un peu bizarre.

Retrouvez les mots qui manquent à la fin du dialogue.
— Oui, oui, fantastique ! *Génial !* Une omelette simple *d'abord, ensuite* une omelette au *fromage*, ensuite une omelette *aux légumes*, par *exemple*,… euh, *toutes* les semaines, une *nouvelle* omelette, mais pas *compliquée*, hein ?
— Mais monsieur, on ne *peut* pas faire une émission *seulement sur* les omelettes ! Allez, *bonsoir*, M. Henry, bonsoir ! Et merci *encore* de *votre* appel !

LES TRANSCRIPTIONS - LIVRE DE L'ÉLÈVE

CD1 LIVRE DE L'ÉLÈVE
Transcription des activités d'écoute

■ UNITÉ 1

C'est parti !

1. p. 6
Un téléphone, un sandwich, un taxi, un chocolat, un café, un journal, une bière, une table, un tee-shirt.

2. p. 6
La France, une photographie, fantastique, le cinéma, un ingénieur, un journaliste, un passeport, une idée, un spécialiste, un euro, un virus, un taxi, un hôtel, la radio, la télévision.

5. p. 7
Écoutez ! Bonjour ! Au revoir ! Merci ! Vous comprenez ? Je ne comprends pas. Regardez ! Répétez ! Répondez ! Écrivez ! Jouez à deux ! Encore une fois ! S'il vous plait.

■ UNITÉ 2

Tu parles français ?

1. p. 8
— Tu es français ?
— Non, je suis espagnol.
— Ah ? Moi, je suis italien.

2. p. 8
— Et toi, tu es française ?
— Non, anglaise.
— Moi, je suis allemande.

3. p. 9
— Tu parles français ?
— Oui, un peu.

4. p. 9
– Prêts ? Alors, on y va !

Écoute !

p. 10
— Tu es français ?
— Non, je suis anglais
— Tu parles français ?
— Oui, un peu.

suédois chinois,   suédoise chinoise
français anglais,   française anglaise
italien brésilien,   italienne brésilienne
américain mexicain, américaine mexicaine

À toi de parler !

1. p. 10
— Tu es française ?
— Non, je suis italienne.
— Tu parles français ?
— Oui, un peu.

2. p. 10
— Tu es française ?
— Non, je suis mexicaine
— Ah ? Alors tu parles espagnol ?
— Oui, bien sûr.
— Et tu parles français !
— Oui, un peu.

À toi de jouer !

1. p. 11 Nationalités
1. Tu es française ? - 2. Tu es suisse ? - 3. Tu es américaine ? - 4. Tu es belge ? - 5. Tu es grec(que) ? - 6. Tu es mexicaine ? - 7. Tu es danois ? - 8. Tu es portugais ?

2. p. 11
— Toi, tu es allemand, non ?
— Non, je suis suisse.
— Suisse ? Et tu parles français ?
— Oui, français, allemand et italien.
— Ah ! Moi, je parle un peu italien.
— Et allemand ?
— Non.

■ UNITÉ 3

Salut !

1. p. 12
— Salut Guillaume !
— Salut, Clément !

2. p. 12
— Salut Vincent, ça va ?
— Ça va !

3. p. 13
— Salut, Aurélie !
— Tiens, salut Antoine !

4. p. 13
— Ça va ?
— Ça va bien, et toi ?
— Moi ? Pas mal, merci !

5. p. 13
— Ça va, Mathieu ?
— Non ! Ça ne va pas !

6. p. 13
— Oh, ça va mal !
— Oui, ça va très mal !

LES TRANSCRIPTIONS - LIVRE DE L'ÉLÈVE

Écoute !
p. 14
— Ça va ?
— Ça va !
— Salut !
— Tiens, salut !
— Tiens ! Salut, Aurélie !
— Tiens, salut Aurélie ! Ça va ?
— Ça va bien ?
— Ça va bien !

Je t'explique
p. 14 L'alphabet
A comme Amandine, Arnaud ...
B comme Béatrice, Benoît ...
C comme Céline, Clément ...
D comme Dorothée, Damien ...
E comme Émilie, Éric ...
F comme Fanny, Florian ...
G comme Gaëlle, Guillaume ...
H comme Hélène, Hugo ...
I comme Isabelle ...
J comme Julie, Julien ...
K comme Karine, Kévin ...
L comme Léa, Loïc ...
M comme Marie, Maxime ...
N comme Nicole, Nicolas ...
O comme Odile, Olivier ...
P comme Pauline, Paul ...
Q comme Quentin ..
R comme Reine, Romain ...
S comme Sophie, Sébastien ...
T comme Tatiana, Thibault ...
U comme Ursula
V comme Valérie, Vincent ...
W comme William ...
X comme Xavier
Y comme Yasmina ...
Z comme Zoé ...

À toi de parler !
1. p. 14
— Salut Clément, ça va ?
— Tiens, salut Fanny ! Ça va, et toi ?
— Ça va !

2. p. 14
— Ça va, Loïc ?
— Oui, ça va.

À toi de jouer !
2. p. 15 Rencontre 2
— Salut, Léa.
— Ah, tiens ! Salut, Arnaud.
— Ça va bien ?
— Pas mal, et toi ?
— Moi, ça ne va pas.

■ UNITÉ 4

Je m'appelle Élodie
1. p. 16
— Salut !
— Salut ! Je m'appelle Élodie.
— Élodie comment ?
— Élodie Martin.
— Martin ?
— Oui, c'est ça.

2. p. 16
— Salut, je m'appelle Pierre Lantier. Et toi, tu t'appelles comment ?
— Julie. Julie Dieudonné-Peyrard.
— Pardon ? Julie comment ?!
— Dieudonné-Peyrard. Oui, ça s'écrit : D-I-E-U-D-O-N-N-É, P–E–Y-R-A-R-D. Tu comprends ?
— Oh, là, là !

3. p. 17
— Tu es français, Pierre ?
— Non, je suis canadien. Et toi ?
— Moi, je suis française.
— Tu n'es pas française, toi !
— Si ! Et je suis d'Ouanary, guyanaise, quoi ! Et toi, tu es d'où ?
— Moi, je suis de Trois-Rivières, québécois, quoi !

4. p. 17
— Tu es anglaise, Diana ?
— Non, pas anglaise, hollandaise.
— Ah bon, tu es hollandaise ! D'où ?
— D'Amsterdam. Tu parles néerlandais, toi ?
— Euh, non. Je ne parle pas néerlandais. Je comprends un peu. Je parle allemand : je suis allemand ! Je suis de Berlin.
— Tu parles allemand et français : c'est bien. Et tu parles d'autres langues ?
— Euh oui, je parle anglais et un peu italien.

Écoute !
p. 18
— Tu t'appelles comment ?
— Je m'appelle Julie !
— Je suis canadien, et toi ?
— Moi, je suis française.
— Tu es de Paris ?
— Non, je suis d'Avignon ! Et toi, tu es d'où ?
— Moi, je suis de Montréal !

A	H	K		
I	J	X	Y	
O				
U	Q			
E				
F	L	M	N	R	S	Z
B	C	D	G	P	T	V	W

LES TRANSCRIPTIONS - LIVRE DE L'ÉLÈVE

À toi de parler !

1. p. 19
— Euh… tu comprends ça ?
— S – O – S ? Oui, bien sûr !
— S – O – S ! Ah ! D'accord !

2. p. 19
— Annecy, comment ça s'écrit ?
— Ça s'écrit A-deux N-E-C-Y.

3. p. 19
A comme Amiens, B comme Bordeaux, C comme Clermont-Ferrand …

4. p. 19
— Tu es d'où, toi ?
— Moi, je suis français, je suis de Paris.

5. p. 19
— Tu es français ?
— Non, je ne suis pas français, je suis italien.

À toi de jouer !

3. p. 20 Rencontre
— Tu es Hans Krüger ?
— Pardon ?
— Tu ne t'appelles pas Hans Krüger ?
— Si, c'est ça : Hans Krüger.
— Moi, je suis Annabella Bernardi
— Annabella ?
— Oui, avec deux « n » et deux « l », tu comprends ?

4. p. 21 Conversation compliquée !
— Salut, je suis Norbert Giens.
— Pardon ?
— Je suis Norbert Giens.
— Ah ? Tu es norvégien ?
— Mais non, je m'appelle Giens, Norbert Giens !
— Ah bon ? Moi, je suis Dan Noah.

5. p. 21 Festival européen des Jeunes
— Salut. Tu t'appelles comment ?
— Euh, salut. Je m'appelle Clément Bernard.
— Pardon ?
— Oui, Clément Bernard.
— Tu t'appelles Clément Bernard ou Bernard Clément ?
— Je suis Clément Bernard, tu comprends ?
— Euh, oui, bon ! Et tu es d'où ?
— De Nyons.
— De Lyon ?
— Non, de Nyons : N-Y-O-N-S.
— De Nyons, pas de Lyon ?
— Oui, c'est ça : de Nyons !

6. p. 21 J'épelle
1. Je viens de Bouaké.
— Pardon ? Vous pouvez épeler ?
— Oui, B-O-U-A-K-E accent aigu.
2. Chicoutimi comment ?
— Chicoutimi-Jonquière, j'épelle : C-H-I-C-O-U-T-I-M-I-trait d'union-J-O-N-Q-U-I-E accent grave-R-E.
3. Moi, je viens d'Auerstedt, ça s'écrit A-U-E-R-S-T-E-D-T.
4. Montluçon ? M-O-N-T-L-U-C cédille-O-N.
5. Moi je viens de Neufchâteau, une fois.
— Pardon ?
— Neufchâteau, N-E-U-F-C-H-A accent circonflexe-T-E-A-U.

■ UNITÉ 5

La valise grise (premier épisode)

p. 22
Le jeune homme : Bonjour, mademoiselle… Bernard Lantier, je suis de Montréal.
La jeune femme : Bonjour, monsieur Lantier. Moi, je m'appelle Cécile Martin.
Le jeune homme : Vous êtes d'où ?
La jeune femme : Oh, j'habite à Buenos Aires… Mais je suis française… Et journaliste !
Le Barbu : Tiens ! Tiens !
[CLIC !]
L'homme : Bonjour, Antoine ! Comment allez-vous ?
Antoine : Ça va, merci. Et vous ?
L'homme : Très bien !
[CLIC !]
L'homme : Tiens, Martine ! Salut ! Comment tu vas ?
Martine: Pas mal, merci. Et toi ?
L'homme : Oh, moi, ça va, ça va …
[CLIC !]
Antoine : Ah, vous vous appelez martine ?! Moi, c'est Antoine. Vous êtes quoi ? Journaliste ? Secrétaire ? Photographe ?
Martine : Oh là, là !…. Moi ? Je suis professeur de français…
Le Barbu : Bien, très bien !
[CLIC !]
Antoine : Bonjour, madame.
La dame: Bonjour, Antoine.

Page 23
Ah, bon ?/Vous êtes de Milan !/Mais non, je ne suis pas française !/Comment ça va ?/Mais oui, médecin !
Antoine: Ils sont étrangers…
Martine : Mais ils parlent bien français !… Et vous aussi !
Le Barbu : Moi, je ne suis pas français … Mais je parle français !
[CLIC !]

LES TRANSCRIPTIONS - LIVRE DE L'ÉLÈVE

Le jeune homme : Vous aussi, vous êtes de Paris ?
Le quadra : Non, non, je suis de Genève, moi.
Le Barbu : Il est de Genève ?!
[CLIC !]
Le jeune homme : Ah ? Et qu'est-ce que vous faites ?
Le quadra : Je suis architecte. Et vous ?
Le jeune homme : Oh, moi, je suis étudiant.
Le quadra : Vous habitez à Paris, bien sûr ?
Le jeune homme : Non, non... J'habite à Bruxelles !
[CLIC !]
Le Barbu : Bernard Lantier, de Montréal ... Un architecte de Genève ... Martine X et antoine Y ... Hum !

Écoute !

p. 24
— Bonjour
— Comment allez-vous ?
— Vous êtes d'où ?
— Qu'est-ce que vous faites ?
— Salut !
— Comment vas-tu ?
— Je suis de Tunis
— Je suis étudiante.
— J'suis d'Paris. J'm'appelle Jacques. T'es français ?

À toi de parler !

1. p. 25
— Vous êtes journaliste?
— Non, je ne suis pas journaliste, je suis architecte.

2. p. 25
Je m'appelle Patrick Bruel. Je suis acteur de cinéma et chanteur. Je suis français. J'habite Paris

À toi de jouer !

2. p. 26
1. Bonjour, Madame.
2. Qu'est-ce que tu fais ?
3. Ça va et toi ?
4. Oui, mademoiselle.
5. Comment ça va ?
6. Vous êtes d'où ?
7. Tu habites où ?
8. Merci, monsieur.

3. p. 26 Puzzle
— Bonjour, monsieur !
— Ah, tiens ! Madame Germain ! Comment allez-vous ?
— Ça va, ça va, et vous ? Vous allez bien ?
— Bien, merci.

6. p. 27 Identité
— Nom ? Prénom ?
— Je m'appelle Antoine Médessein.
— Vous vous appelez Médecin, Antoine.
— C'est ça.
— Ça s'écrit comment ? Comme « médecin » ?
— Mais non, ça s'écrit M-E accent aigu-D-E-deux S-E-I-N.
— Ah bon, Médessein ?
— C'est ça.
— Et vous habitez où ?
— Limoges : 21, rue de la République.
— Très bien. Merci, Monsieur Médessein.

■ CIVILISATION

Le jeu des questions

p. 28
Des Français célèbres
— Marie Curie (1867-1934), numéro 3
— La Fayette (1757-1834), numéro 4
— Voltaire (1694-1778), numéro 5
— Victor Hugo (1802-1885), numéro 1
— Hector Berlioz (1803-1869), numéro 5

Les souhaits

p. 30
— Joyeux Noël !
— Merci. À vous aussi !

— Bon anniversaire, François !
— Merci, merci beaucoup !

— Bonne et heureuse année !
— Bonne et heureuse année à vous aussi !

— Bonnes vacances !
— Merci, vous de même !

DELF 1

p. 31 Épreuve collective orale A1
— Allô ? Marie ? Ici Aurélie. Je t'appelle parce que Sophie arrive aujourd'hui. Elle est suisse mais elle ne parle pas français. Toi aussi, tu es suisse, alors on va l'aider, d'accord ? Je te rappelle.

Évaluation Séquence 1

1. p. 32 Compréhension orale
a. Elle est médecin et habite à Toulouse. – b. Il s'appelle Sébastien. – c. Elle n'est pas architecte, et elle n'est pas médecin non

LES TRANSCRIPTIONS - LIVRE DE L'ÉLÈVE

plus. – d. Elle habite à Paris et elle est collégienne. – e. Ça s'écrit S-E-B-A-S-T-I-E-N.

■ UNITÉ 6

Moi, j'ai...

1. p. 34
— Tu as des bandes dessinées, chez toi ?
— Non, je n'ai pas de bandes dessinées, mais j'ai beaucoup de livres !

2. p. 34
— J'ai aussi une montre suisse, un vélo anglais, un appareil photo japonais, une poupée russe, un chien allemand et une chatte siamoise. Je suis international, moi !
— Ah... !

3. p. 34
— Et toi, qu'est-ce que tu as chez toi ?
— Des bandes dessinées !
— Beaucoup ?
— Oui, beaucoup !
— Combien ?
— Vingt ou trente !

4. p. 35
— J'ai une guitare, un baladeur et une trompette. Et toi ?
— Une trompette ?
— Oui, et toi, qu'est-ce que tu as chez toi ?
— Moi, je n'ai pas de trompette, mais j'ai une console, un portable et un ordinateur.

5. p. 35
— Moi, j'ai un baladeur mais je n'ai pas de CD. Tu as des CD, toi ?
— Oui, bien sûr, j'ai des CD
— Tu as combien de CD ?
— Pas mal.
— Moi, je n'ai pas de CD. Tu ...
— Euh... attends ! J'ai des CD, mais ils ne sont pas chez moi !
— Ah ? Bon....
— Je n'ai pas de vélo. Je n'ai pas de moto. Je n'ai pas d'appareil photo. Je n'ai pas de jeu vidéo. Mais j'ai une maison et beaucoup d'amis

Écoute !

p. 36
Jérémie, Jérôme, Julie
Norvège, Algérie, Belgique
Un journaliste japonais, une collégienne norvégienne
Charles, Chantal, Achille
Chine, Chili, Chypre
Un architecte chinois, une chanteuse chilienne
J'ai un chat. Il est chez Jérôme. Je chante : je suis chanteur.

Je t'explique...

p. 36
Compter lentement de 1 à 50

À toi de parler !

1. p. 37
— Tu as un chien ?
— Non, je n'ai pas de chien mais j'ai un chat.

2. p. 37
— Tu as des livres ?
— Oui.
— Ce sont des livres anglais ?
— Non, ce sont des livres français.

3. p. 37
— Dix plus onze ?
— Ça fait vingt et un.
— Cinquante moins treize, ça fait combien ?
— Euh... c'est compliqué, attends... trente-sept ?
— Oui, c'est ça !

4. p. 37
— Qu'est-ce que c'est, ça ? C'est une télévision ?
— Oui, elle est japonaise.
— Ah ! Et le livre est japonais aussi ?
— Mais non ! C'est un livre français !

À toi de jouer !

2. p. 38 Annonces
— Allô ? Le 04 52 34 16 31 ?
— Oui monsieur.
— Voilà, j'ai une moto à vendre, mais elle est française. Ça vous intéresse ?
— Non, je cherche seulement...

— Allô, bonjour. Vous avez des CD de Charles Trénet ?
— Non monsieur.
— Ah ! Vous n'êtes pas le 04 52 34 15 31 ?
— Non monsieur.
— Oh ! Excusez-moi.

4. p. 38 Le répondeur
Allô ! Salut ! Dis, tu peux me rappeler au 04 32 06 13 21 ?

LES TRANSCRIPTIONS - LIVRE DE L'ÉLÈVE

■ UNITÉ 7

Il est là !

1. p. 42
Aude : — Dis, où est le téléphone ?
Stéphane : — Il est là.
Aude : — Où, là ?
Stéphane : — Là, sous la table, tu vois ?

2. p. 42
Aude : — Tu cherches quoi ?
Stéphane : — Je cherche un livre.
Aude : — Quel livre ?
Stéphane : — Un livre sur Jules César. Où sont les livres d'histoire ?
Aude : — Ils sont là, sur l'étagère, à droite.
Stéphane : — Ah oui ! Je vois, merci.

3. p. 43
Aude : — Et le chien, il est où ?
Stéphane : — Hein ?
Aude : — Le chien, où est-ce qu'il est ?
Stéphane : — Je ne sais pas… Il est dans le jardin ou dans la cuisine.

4. p. 43
Aude : — Allô ! Maman ?
[voix au téléphone] : — Ah c'est toi chérie ! Ça va ?
Aude : — Ça va, mais je cherche le chien !
[voix au téléphone] : Le chien ?
Aude : — Oui, je ne sais pas où il est !
[voix au téléphone] : — Il n'est pas dans le jardin ?

5. p. 43
Stéphane : — Oh ! Il est là !
Aude : — Où, là ?
Stéphane : — Là, devant moi !
Aude : — Ah, bon !… Il est là, m'man !
[voix au téléphone] : — Où là ?
Aude : — Euh… dans la cuisine.
[voix au téléphone] : — Qu'est-ce qu'il fait dans la cuisine ?
Aude : — Hein ? Ah !… euh… Au revoir, m'man !
[voix au téléphone] : — Mais ?!!!?

Écoute !

p. 44
Sous, sur, le salon, le séjour
La cuisine, la valise, Jules César

— Dis, où est le téléphone ?
— Je ne sais pas.
— Qu'est-ce que tu as dans la valise ?
— Hein ! Ah ! Euh…
Qu'est-ç' t'as [kesta] dans la valise ?
J'sais pas. [ʃɛ pa]

À toi de parler !

1. p. 45
— Dis, tu as des livres ?
— Oui.
— Ils sont où ?
— Ils sont sur l'étagère, à droite de la télévision…

2. p. 45
— Dis, je cherche le téléphone.
— Tu vois la guitare ?
— Quelle guitare ? Ah, oui.
— Eh bien, le téléphone est derrière la guitare.

3. p. 46
— Qu'est-ce que c'est, ça ?
— C'est une radio.
— Ça, une radio ?
— Mais oui ! C'est la radio de Papi.

4. p. 46
— Dis, il est où Papi ?
— Papi ? Attends. Ah ! Il est dans le grenier !
— Dans le grenier ? Qu'est-ce qu'il fait dans le grenier ?
— Euh… J'sais pas.

À toi de jouer !

3. p. 47 Au téléphone
— Allô ! Antoine, ça va ?
— Salut Élodie, ça va et toi ?
— Euh… Je cherche Gabriel.
— Gabriel ? Je ne sais pas où il est.
— Il n'est pas à la maison ?
— Euh… non.
— Il est où ?
— Mais je ne sais pas où il est !

4. p. 47 Ils parlent de quoi ?
a. — Dis, je cherche….
— Hein ? tu cherches… ?
— Oui, elle est où ?
— Euh, sur l'étagère, à droite des livres.
— Ah oui, merci.
b. — Tu cherches quelque chose ?
— Oui, le…
— Ah ! Il est sur le fauteuil.
c. — Mais si, ils sont sous le fauteuil, tu vois ?
d. Hein ? Ah ! Elle est sur la valise.

■ UNITÉ 8

Les quatre saisons

p. 50
1. On est en janvier. C'est l'hiver au Canada. Il neige et il fait très froid : il fait – 30 degrés. Tout le monde a froid.

LES TRANSCRIPTIONS - LIVRE DE L'ÉLÈVE

2. On est en avril, le premier avril. C'est le printemps en Italie. Il fait beau.
3. On est en juillet. C'est l'hiver en Argentine, mais c'est l'été en Espagne. Il fait très chaud: 35 degrés. Ils ont très chaud et ils ont soif.

p. 51
4. On est en octobre, le 23 octobre
C'est l'automne en France et aussi en Belgique. Il fait mauvais. Il pleut beaucoup.
5. Elle : Tu n'as pas froid ?
Lui : Non, ça va, mais j'ai faim. Et toi, tu n'as pas froid ?
Elle : Si, un peu.
Lui : Tu as faim, toi aussi ?
Elle : Oui, très faim. Tu n'as pas peur ?
Lui : Si, un peu. Et toi ?
Elle : Moi, non. Maintenant, je n'ai pas peur !

Écoute !

p. 52
Il fait froid.
Trois
J'ai soif.
vingt-trois
Il fait nuit.
Huit
C'est la pluie.
Dix-huit

À toi de parler !

1. p. 53
— Il habite où, maintenant ?
— Il habite à Marseille.
— Ah ? Et c'est où, Marseille ?
— Mais c'est en France, voyons !

2. p. 53
— 30 + 15, ça fait combien ?
— Mais voyons, ça fait 45 !

3. p. 53
— C'est quelle date aujourd'hui ?
— Aujourd'hui ? On est le 12 juillet.

4. p. 53
— Ça va ? Tu n'as pas froid ?
— Si, un peu. Et toi, tu as froid ?
— Oui, j'ai très froid !

5. p. 53
— Elle va où ?
— Au Brésil.
— Ah, le Brésil et les Brésiliens ! Ah !... Au fait, il fait quel temps au Brésil, maintenant ?
— Il pleut beaucoup, mais en hiver il fait chaud...

■ UNITÉ 9

La valise grise (deuxième épisode)

p. 58
[CLIC !]
Le Barbu : Excusez-moi, madame... Où est-ce qu'il y a une cabine téléphonique ?
La villageoise : Ah ? Vous n'avez pas de portable ? Bon... Il y a une cabine sur la place de l'église, à gauche du pont, là-bas... Vous voyez ?
Le Barbu : Ah oui, merci bien, madame !
Le Barbu : Allô, le 03 42 81 29 73 ?
Martine : Pardon, vous savez où est le bar « Chez Paulo » ?
Passant 1 : Euh, je ne sais pas... Peut-être derrière l'église ?
Antoine : Pardon, mademoiselle...
[CLIC !]
Martine : Attention, Antoine !
Antoine : Vous savez où il y a une station de taxis ?
Martine : Il y a des taxis devant l'hôtel sur la place de la mairie ...
Antoine : Et... ?
Martine : Et à côté du café de la gare...
Antoine : Merci beaucoup, mademoiselle !
Martine : Ah, là là ! Je vous en prie.
[CLIC !]

Page 59
[CLIC !]
La touriste : Pardon, monsieur... Je cherche le supermarché... Vous savez où il est ?
Le Barbu : Non, madame, je ne sais pas... Je ne suis pas d'ici... Désolé...
[CLIC !]
Martine : Excusez-moi, monsieur... Où est la banque ?
Le monsieur : La banque ? Oh, ici, c'est un village, vous savez. Il n'y a pas de banque. Il y a seulement une poste. Mais vous avez une banque à Chalon : c'est une ville à douze kilomètres d'ici...
[CLIC !]
Martine : La poste, s'il vous plaît ?
Passant 2 : Euh... Dans la rue, là, à deux cents mètres, en face de la gendarmerie...
[CLIC !]
Le Barbu : Et maintenant, qu'est-ce que je fais ?
Martine : Allô ? Ici, Martine. ... Oui, c'est moi. ... Dites, il n'y a pas de banque ici ! Seulement à Chalon ! Oui, j'ai la valise...

LES TRANSCRIPTIONS - LIVRE DE L'ÉLÈVE

Écoute !

p. 60
— Dites, vous savez où il y a un restaurant ?
— Peut-être là-bas !
— Merci beaucoup !
— Je vous en prie !

Un village — Le village de Clairval — Valérie est avocate.
Un café — Le café de France — François est photographe

Je t'explique...

p. 61 Les nombres
Cinquante, cinquante-et-un, ... soixante..., soixante-dix, soixante et onze..., quatre-vingts, quatre-vingt-un..., quatre-vingt-dix, quatre-vingt-onze..., cent, cent un, cent deux..., deux cents, deux cent un,... trois cents, quatre cents, ...mille, mille un..., deux mille, trois mille...

À toi de parler !

1. p. 61
— S'il vous plaît, est-ce qu'il y a un hôtel ici ?
— Oui, il y a un hôtel, c'est l'hôtel du Pont.

2. p. 61
— Excusez-moi, où est-ce qu'il y a une poste ?
— Une poste ? Attendez... en face de l'école, près de l'église.

3. p. 61
— 3, 5, 7, 9, etc.
— 5, 10, 15, 20, 25, etc.
— 100, 98, 97, etc.
— 1200 , 1100, 1000, etc.

4. p. 61
— 1200 + 1200, ça fait combien ?
— Ouah ! C'est compliqué... attends... 1200 + 1200 ça fait 2400 ! C'est ça ?
— Oui, c'est ça !

5. p. 61
— Vous avez le téléphone ?
— Oui, c'est le 02 39 47 65 16 ?
— Pardon ? 02 39 47 65 13.
— Non, 65 16 !

À toi de jouer !

5. p. 63 Derrière chez moi...
Derrière chez moi
Qu'est-ce qu'il y a ?
Il y a une place
Sur la place
Il y a une poste
Devant la poste
Il y a une cabine téléphonique
Dans la cabine téléphonique
Il y a une fille.
Et chez moi
Qu'est-ce qu'il y a ?
Chez moi, il y a... moi
À côté de moi
Il y a un téléphone
Le téléphone sonne !
C'est elle !
Non, c'est personne...

■ UNITÉ 10

C'est en France

1. p. 66
C'est en Aquitaine, près de la mer. À Mimizan, il y a seulement 6 800 habitants.

2. p. 66
Bourg d'Oisans est situé dans les Alpes à 50 km au sud-est de Grenoble. En été, il y fait chaud. En hiver, il y fait très froid.

3. p. 66
Marne-la-Vallée est située à 20 km à l'est de Paris. Beaucoup d'habitants de Marne-la-Vallée travaillent à Paris. Ils y vont en voiture par l'autoroute A 4, ou d'abord à pied jusqu'à la gare, puis en RER (métro express régional) ou en train. Ensuite, à Paris, ils prennent le métro ou le bus. C'est compliqué !

4. p. 67
– Pardon Madame, pour aller à Mimizan, s'il vous plaît ?
– Mimizan ? C'est simple ! Vous allez jusqu'à Escource. À Escource, vous tournez à gauche et c'est tout droit.
– C'est loin d'ici ?
– Euh... 16 km à peu près.
– Merci bien.

5. p. 67
— Dites, je cherche l'usine Secma à Marne-la-Vallée...
— Vous y allez à pied ?
— Ben oui. C'est compliqué ?
— Non, mais c'est loin ! Vous savez où est la gare ? Eh bien, l'usine est à 3 km de la gare.
— Après la gare ?
— Après la gare, oui, sur la route de La Garde.

LES TRANSCRIPTIONS - LIVRE DE L'ÉLÈVE

— Après La Garde ?
— Mais non ! Après la gare, mais avant La Garde ! D'accord ?

6. p. 67
– Excusez-moi Monsieur l'agent, la route de Bourg d'Oisans ?
– Bourg d'Oisans ? Euh, attendez... Vous allez tout droit, jusqu'au carrefour, là...
– Je vais tout droit jusqu'au carrefour...
– Vous tournez à droite et vous passez sur le pont...
– Je tourne à droite et je passe sur le pont...
– Ensuite, vous prenez la première à gauche, puis la deuxième à droite.
– Ensuite, je prends la première... Oh, là, là ! C'est pas simple ! Je ne me souviens pas ! La première à droite ?
– Non ! D'abord la première à gauche, puis la deuxième à droite.
– Ah oui ! Merci beaucoup !

Écoute !

p. 68
Mimizan — habitant — ensuite — attendre — C'est grand
Province — train — bien — loin — C'est simple
Dijon – pardon — non — pont — C'est compliqué

Je t'explique...

p. 69
Premier, première, deuxième ou second seconde, troisième, quatrième, cinquième ; sixième ; septième ; huitième ; neuvième ; dixième ; onzième ; douzième ; treizième ; quatorzième quinzième ; seizième ; dix-septième ; dix-huitième ; dix-neuvième ; vingtième ; vingt-et-unième vingt-deuxième........ avant-dernier, avant dernière ; dernier, dernière.

À toi de parler !

1. p. 69
— Je vais au cinéma.
— Tu y vas comment, à pied ?
— Non, j'y vais à vélo.

2. p. 69
— C'est où, Annecy ?
— C'est au sud de Genève, entre Genève et Chambéry.

3. p. 69
— Chambéry, c'est loin de Lyon ?
— Pas très loin.
— C'est à combien de kilomètres ?
— C'est à 102 km de Lyon.

4. p. 69
— Je suis à Nantua, je fais 66 km vers le sud-ouest. Je tourne à droite, et je fais 88 km vers l'ouest. J'arrive où ?
— À Roanne.

5. p. 69
— C'est le numéro 1 ?
— Mais non, c'est le deuxième !

À toi de jouer !

2. p. 70 Désolée
[homme] — Pardon...
[femme] — Oui ?
homme] — Je cherche le musée...
[femme] — Le musée ? Il y a un musée, ici ?
homme] — Oui, le musée de l'automobile.
[femme] – Ah ? Désolée, je ne suis pas d'ici.

3. p. 70 Taxi !
— Taxi ! Euh, bonjour, Monsieur, je vais au musée de l'automobile.
— Au musée de l'auto ?
— Oui.
— Mais, c'est tout près, le musée de l'auto !
— Ah ?
— Oui, vous voyez le pont, là-bas ?
— Oui.
— Eh bien, c'est à côté.
— Ah bon ! Merci !

■ PRÉPARATION DELF

Préparation épreuve orale
Enregistrement de la p. 28

A1, oral collectif

1. p. 73
— Allô ?
— Bonjour madame. Quel est le numéro de téléphone de l'hôtel des Thermes à Vichy ?
— L'hôtel des Thermes ? C'est le 04 70 30 43 81
— Le 04 70 30 43 81 ? Merci.

2. p. 73
— Allô, les renseignements...
— Bonjour. Le numéro de la gare SNCF à Dinan, s'il vous plaît ?
— La gare ? C'est le 02 33 85 43 91.
— Le 02 33 85 43 91 ?
— C'est ça.

LES TRANSCRIPTIONS - LIVRE DE L'ÉLÈVE

Évaluation Séquence 2

p. 74 Compréhension orale
a. Excusez-moi, pour aller à Dinan?
— Ce n'est pas compliqué. Vous allez tout droit jusqu'au carrefour. Là, vous prenez à gauche et ensuite c'est tout droit. C'est près de la mer, à environ 80 km d'ici.
b. — Tu cherches quoi?
— Le livre de maths.
— Il est sur l'étagère.
— Où, sur l'étagère?
— Je ne sais pas. Regarde sur l'étagère, voyons!

■ UNITÉ 11

Tu aimes?

1. p. 76
Anne : — Tu aimes Monsieur Duval?
Léa : — Le prof de maths? Ah non, alors! Pas du tout!
Anne : — Pourquoi ça?
Léa : — Eh ben, parce qu'il est vieux et ennuyeux comme la pluie. Voilà pourquoi!
Anne : — Et quel prof tu préfères?
Léa : — Le prof de français : il est plus jeune et plus sympathique, tu ne trouves pas?
Anne : — Oh si! Et en plus, il est beau, lui!

2. p. 76
Kévin : — Dis, tu aimes Elena Costa?
Aurélie : — Ah non, elle n'est pas belle!
Kévin : — Et Lino del Capo, tu aimes?
Aurélie : — Oh oui! Lui, il est beau!
Kévin : — Elena est américaine, non?
Aurélie : — Mais non! Elle est française!
Kévin : — Et Lino, il est français, lui aussi?
Aurélie : — Mais non! Il est américain!
Kévin : — Ah bon? Ils ne sont pas italiens, elle et lui?
Aurélie : — Oh, toi alors ...!

3. p. 77
Loïc : — Qu'est-ce que tu préfères, la moto ou le vélo?
Thomas : — Moi, c'est le vélo, bien sûr.
Loïc : — Et pourquoi donc?
Thomas : — Parce que c'est plus sportif que la moto!
Loïc : — D'accord, peut-être, mais la moto, c'est moins fatigant et c'est plus confortable.
Thomas : — Moi, je n'aime pas la moto. D'abord, c'est cher et puis ce n'est pas amusant.
Loïc : — Eh, les copains, vous entendez ça?! Il est fou, lui, il n'aime pas la moto!

4. p. 77
— Ça ne te plaît pas les voitures de sport?
— Si, mais je préfère les petites voitures.
— Quelles « petites voitures »?
— Eh ben, la petite Peugeot par exemple, ou la petite Renault. Ce sont des voitures très amusantes et pas chères.
— Moi, à côté des voitures de sport, j'aime les motoneiges. On ne s'ennuie pas avec une motoneige! C'est sympa et ça va partout ...
— D'accord, mais qu'est-ce que tu fais, avec une motoneige, en été, hein?

Écoute!

p. 78
C'es_t amusant — Il es_t italien — Elle es_t espagnole — C'est très _amusant — Vou_s êtes français?
La rue de_s Églises — c'est _à gauche? — Oui, peu_t-être... — Je vou_s en prie.
Tu habites à Paris? [abitapari] — Il_s habitent à Paris?

À toi de parler!

1. p. 79
— Kévin est plus vieux que Jean, non?
— Ah non au contraire! Il est plus jeune!

2. p. 79
— La moto est plus rapide que le vélo.
— C'est vrai! Le vélo est moins rapide que la moto.

3. p. 79
— Une voiture est plus chère qu'une moto.
— Mais non, pas d'accord! Une moto est aussi chère!

4. p. 79
— Le CD, là, il te plaît?
— Quel CD? Ah! Non, il est mauvais!
— Ah bon? Pour toi, c'est un mauvais CD?
— Oui.

5. p. 79
— Tu n'aimes pas les chats?
— Si, mais je préfère les chiens.

À toi de jouer!

4. p. 80 J'adore...!
— Vous aimez le cinéma?
— Oui, beaucoup.
— Le cinéma français? Italien?
— J'adore le cinéma italien... Dites, vous, vous êtes de quelle nationalité?
— Je suis italien.
— Italien? J'adore les Italiens!

LES TRANSCRIPTIONS - LIVRE DE L'ÉLÈVE

■ UNITÉ 12

Tu as une grande famille ?

1. p. 82
Laetitia : — On rentre ensemble ?
Mathieu : — Qui ? Nous deux ? D'accord !
Laetitia : — Tu connais Anaïs ?
Mathieu : — Non, c'est qui ?
Laetitia : — C'est une bonne copine. Elle ressemble à Léa Costa, l'actrice, tu vois ?
Mathieu : — Et elle a quel âge, Anaïs ?
Laetitia : — On a le même âge. Elle a quatorze ans, comme moi.
Mathieu : — Comme moi aussi, alors. Et elle habite où ?
Laetitia : — Ici, à Toulouse : rue Jean Jaurès, tu connais ?

2. p. 82
Marie : — Tu as une grande famille ?
Gaëlle : — Oui, j'ai un petit frère et une grande sœur.
Marie : — Ton petit frère a quel âge ?
Gaëlle : — Oh, c'est un bébé, tu sais : il a un an seulement.
Marie : — Et ta sœur, alors ?
Gaëlle : — Elle, elle a dix-sept ans.
Marie : — Et tes parents ? Ils sont jeunes ?
Gaëlle : — Ben, ma mère a trente-neuf ans et mon père trente-huit.

3. p. 83
Marie : — Qu'est-ce qu'il fait, ton père ?
Gaëlle : — Il est employé. Il travaille dans une entreprise de VTT.
Marie : — Une quoi ?
Gaëlle : — Une usine de vélos tout-terrain, quoi !
Marie : Et c'est quel genre ?
Gaëlle : — Qu'est-ce que tu veux dire ? L'usine ?
Marie : — Mais non, ton père !
Gaëlle : — Oh, mon père... Eh ben, il est très grand, très beau, je trouve, et très tranquille... et il aime la danse et l'opéra... Il porte des lunettes et il a une belle barbe. J'ai aussi une grand-mère... elle a soixante-sept ans, et un grand-père... lui, il a quatre-vingt-quatre ans... J'ai aussi trois cousins.
Marie : — Ils ont quel âge, tes cousins ?
Gaëlle : — Euh, attends... mes cousins ont douze, quinze et dix-sept ans. Ah, j'ai encore une cousine ! Elle a vingt-trois ans et elle est mariée. Son mari, c'est aussi mon cousin, hein ! Il a vingt-trois ans lui aussi. Bon, eh ben, voilà : tu connais l'âge de tous les gens de ma famille !

Écoute !

p. 84
Deux – le monsieur – il est vieux – c'est ennuyeux – qu'est-ce que tu veux – Mathieu ?
Neuf – la sœur – elle est jeune – j'ai peur – seulement – leur voiture – ils veulent ça
Neuf – neuf livres – neuf ans
Six – six cousins – six enfants
Vingt – vingt BD – vingt-deux – vingt usines
Dix – dix BD – dix amis

À toi de parler !

1. p. 85
— La maison, là, c'est ta maison ?
— Non, ce n'est pas ma maison, c'est la maison de Marc.
— Ah bon ? C'est sa maison ?

2. p. 85
— Le frère de ta mère, qui est-ce ?
— C'est mon oncle, bien sûr !

3. p. 85
— T'as quel âge, toi ?
— Moi, j'ai vingt-cinq ans, pourquoi ?
— T' es vieux, dis donc !
— Vieux ? T'as quel âge toi ?
— Moi, j'ai quatorze ans.

■ UNITÉ 13

Tous les jours

1. p. 90
Emploi du temps 1
Julien est ouvrier dans une usine. Il y va à pied parce qu'il n'habite pas loin de l'usine. Il part de chez lui le matin à 8 heures et il arrive à l'usine à 8 heures 20. Il commence à travailler à 8 heures et demie. À midi, il rentre à la maison pour déjeuner. Il retourne à l'usine un peu avant 2 heures et il y reste jusqu'à 6 heures de l'après-midi. Le soir, il dîne en famille vers 7 heures et demie ; ensuite, il regarde la télévision. Il se couche vers 10 heures du soir. Le samedi, il ne travaille jamais : il est libre jusqu'au lundi matin.

2. p. 90
Micro-trottoir
— Madame, vous avez une fille, elle a 19 ans et elle est employée, c'est bien ça ? Elle se lève tôt ?
— Oh oui ! Tous les jours, sauf le samedi et le dimanche, elle se lève à 6 heures et

LES TRANSCRIPTIONS - LIVRE DE L'ÉLÈVE

demie. Après sa douche, elle prend son petit-déjeuner et elle va au travail en bus à 7 heures et demie. En général, elle y arrive un peu avant 8 heures.
— Et elle rentre déjeuner à midi ?
— Non, elle préfère manger dans une cafétéria et elle rentre à la maison vers 6 heures et demie. Elle regarde la télé jusqu'à 8 heures. À 8 heures, on dîne. Elle se couche tôt le soir : entre 9 heures et demie et 10 heures, sauf le samedi soir, bien sûr : elle sort avec des amis.
— Et elle fait quoi ?
— Elle va en boîte, à la discothèque, si vous préférez...

3. p. 91
Emploi du temps 2
Grégory travaille dans un bureau. Il y arrive tous les matins (sauf le samedi et le dimanche) mais toujours en retard. À midi, il mange au restaurant et il lit le journal. L'après-midi, il quitte le bureau en avance. Il se couche très tard le soir parce qu'il veut regarder tous les programmes de télévision. Il n'a donc pas le temps de dormir chez lui ; alors, bien sûr, il dort un peu au bureau ! Il n'y travaille pas beaucoup !

4. p. 91
Métro, boulot, dodo !
Les gens, à Paris et dans les grandes villes, ont toujours peur d'être en retard : ils se dépêchent pour aller au travail et il se dépêchent pour rentrer à la maison. Ils n'ont jamais le temps de vivre. Ils partent très tôt le matin... et ils rentrent tard le soir. Ils prennent le train, le bus ou le métro à l'aller et au retour. En général, les gens rentrent à la maison pour manger, regarder la télé et dormir, tous les soirs, du lundi au vendredi... Le week-end, c'est pour la famille.

Écoute !
p. 92
Les jours de la semaine : lundi – mardi – mercredi – jeudi – vendredi – samedi – dimanche

Je t'explique...
2. p. 92

Voix classique	Voix d'annonceur ou d'horloge parlante
midi	douze heures
midi cinq	douze heures cinq
une heure et quart	treize heures quinze
deux heures vingt-deux	quatorze heures vingt-deux
trois heures de l'après-midi	quinze heures
six heures du matin	six heures
six heures du soir	dix-huit heures
minuit	zéro heure
minuit trois	zéro heure zéro trois

À toi de parler !
1. p. 93
— Quelle heure est-il ? Il est quelle heure ? Tu as l'heure ?
— Il est 6 heures du matin.

2. p. 93
Le vol AF 797 part à 7 heures 20 de Paris et arrive à Lyon à 8 heures 6.

3. p. 93
— Elle rentre chez elle quand ?
— Entre 6 et 7 heures du soir, je crois.
— Et avant ?
— Avant, elle travaille.

4. p. 93
— Vous arrivez au bureau à quelle heure ?
— À 8 heures.
— Et vous sortez du bureau à quelle heure ?
— Je quitte le bureau à 5 heures.

5. p. 93
— Tu déjeunes au restaurant ou à la cafétéria ?
— Ni au restaurant ni à la cafétéria : je préfère déjeuner chez moi.

À toi de jouer !
Page 94
4. p. 94
— Excusez-moi, vous avez l'heure ?
— Oui, il est onze heures.
— Du soir ?
— Mais non, du matin !
— Vous croyez ?
— Mais oui, bien sûr !
— Excusez-moi, mais j'arrive de Nouméa en Nouvelle-Calédonie.
— De Nouvelle-Calédonie ? Ah, je comprends !
— Oui, là-bas, il est onze heures plus treize, il est minuit !
— Et ça prend combien de temps pour arriver ici ?
— Vingt heures.
— Vingt heures ! C'est fatigant, non ?
— Oui. Bon, au revoir, bonne nuit !
— Non, bonne journée, vous voulez dire !

LES TRANSCRIPTIONS - LIVRE DE L'ÉLÈVE

■ UNITÉ 14

La valise grise (troisième épisode)

Page 98

Le Barbu : Docteur, ça ne va pas... Je suis vraiment malade !
Le Dr. Langlois : Qu'est-ce que vous avez, dites-moi ?
Le Barbu : Oh, j'ai mal au ventre, j'ai mal à la tête aussi...
Le Dr. Langlois : Vous avez de la fièvre, n'est-ce pas ?
Le Barbu : Non, mais j'ai froid et j'ai chaud...
Le Dr. Langlois : Ah ah ! Et vous fumez, hein ?!
Le Barbu : Je fume beaucoup, oui... J'ai toujours envie de fumer !
Le Dr Langlois : Vous fumez trop, voilà tout ! Il faut arrêter de fumer, c'est dangereux pour la santé !
Martine : Je ne suis pas en forme, tu sais...
Son amie : Qu'est-ce que tu as ? Tu as un rhume, ou quoi ?
Martine : Je ne sais pas... Peut-être... Mais je suis vraiment fatiguée...
L'amie : Alors, il faut appeler un médecin !
Martine : Mais non ! Je n'ai pas de fièvre... Seulement 36,5.
L'amie : Mais ce n'est pas assez, ça ! Il faut rester au lit et te reposer !
Martine : non, non... Je n'ai pas sommeil, je ne peux pas dormir...
L'amie : tu manges bien ?
Martine : Non, je n'ai jamais faim, mais j'ai toujours soif !
L'amie : Mais tu ne peux pas rester comme ça, voyons !!
Martine : Bof ! Pourquoi pas
Martine : Je ne me sens vraiment pas bien, docteur...
Le Dr Langlois : Depuis combien de temps ?
Martine : Oh, depuis deux ou trois jours seulement...
Le Dr Langlois : Et vous avez de la fièvre ?
Martine : Non, je n'ai pas de fièvre, non... Mais j'ai très mal au ventre !

Page 99

Le Dr Langlois : Vous dormez bien, en général ?
Martine : En général, oui... Mais, depuis deux jours, je ne peux plus dormir...
Martine : Qu'est-ce qu'il faut faire, docteur ?
Le Dr Langlois : Eh bien, il faut prendre une douche ou bien un bain très chaud avant de se coucher et, d'abord, arrêter de manger des sucreries... Voilà ... C'est simple, n'est-ce pas ?
Le Barbu : cabinet du docteur Langlois ... Bonjour ...
Mme Raffin : Allô, ici madame Raffin. Mon mari se sent vraiment mal... Vous pouvez passer à la maison ?
Le Barbu : Maintenant, c'est impossible, madame. Le docteur Langlois est absent. Je suis le docteur Herbey. Je peux passer chez vous vers sept heures. Votre adresse, s'il vous plaît ?
Le Barbu : Alors, ça ne va pas, monsieur Raffin ?!
Antoine : Oh non, j'ai mal au ventre et à la tête
Le Barbu : Comment ? Vous aussi ?
Antoine : Pardon ?
Le Barbu : Euh... Depuis combien de temps vous avez mal comme ça ?
Antoine : Eh bien, depuis hier matin...
Le Barbu : Ah... Et vous avez de la fièvre, dites donc ! 39,5 !!
Antoine : Et c'est grave, docteur ?
Le Barbu : Hum ! Vous avez une grosse grippe. Il faut prendre des médicaments, boire beaucoup et rester au lit...
Antoine : Combien de temps, docteur ?
Le Barbu : Voyons... On est lundi, aujourd'hui... Eh bien, vendredi, vous pouvez sortir.
Antoine : Ah non ! Je ne peux pas rester ici jusqu'à vendredi !
Le Barbu : Allons, allons... Voilà l'ordonnance pour les médicaments ...

Écoute !

p. 100

Ça va ? — Ça ne va pas ? — Non, ça ne va pas !
Ça ne va vraiment pas ? — Non, ça ne va vraiment pas !
Qu'est-ce que tu as ? — Tu as un rhume ?
Qu'est-ce que vous avez ? — Vous avez la grippe ?

À toi de parler !

1. p. 101

— Ça va ?
— Non, je me sens mal. Je suis malade.
— Depuis combien de temps ?
— Depuis une semaine.

LES TRANSCRIPTIONS - LIVRE DE L'ÉLÈVE

2. p. 101
— Docteur, j'ai mal à la tête !
— Vous buvez trop, il faut arrêter de boire !

À toi de jouer !

3. p. 103
— Oh, dis donc, tu ne vas pas bien, toi !
— Non, c'est vrai, je ne me sens pas bien.
— Tu es malade, je crois.
— Oui, j'ai un peu mal à la tête et aussi au ventre.
— Tu ne dois pas rester comme ça, tu sais.
— Qu'est-ce que je peux faire ?
— Tu dois appeler un médecin.
— Bof, je n'ai pas envie d'appeler un médecin.
— Mais pourquoi ? Il faut te soigner !
— Oh moi, tu sais, les médecins et leurs médicaments...
— Ah ? Pour toi, les médecins sont dangereux pour la santé ?
— C'est ça, et je n'ai pas envie d'aller plus mal, alors je reste au lit et je dors, voilà !

■ UNITÉ 15

Bon appétit !

1. p. 106
Thomas : — Tu fais la cuisine, chez toi ?
Manon : — Non, je ne fais jamais la cuisine, à la maison : je ne sais rien faire. Mais ma mère, elle est super !
T. : — Tu dis ça, mais avec 3 œufs, tu sais faire une omelette, non ?
M. : — Non, parce qu'on est végétariens, chez nous.
T. : — Alors, vous ne mangez jamais de viande, ni d'œufs ?
M. : — Non. Ni viande, ni œufs. Mais on boit du lait.
T. : — Vous avez des goûts bizarres, vous !
M. : — Non. On mange tout sauf la viande et les œufs. C'est tout ! Mes parents pensent que c'est plus sain.
T. : — Et toi, tu es d'accord ?
M. : — Oui, je suis d'accord. Mais quand je suis chez les copines, je mange de tout...

2. p. 106
Anthony : — Et c'est bon, la cafétéria ?
Mélissa : — Bof... Aujourd'hui, par exemple, il y a de la viande avec des frites, de la salade et du raisin ou un autre fruit.
A. : — Mais, ce n'est pas mal ! Tu préfères manger de la soupe, toi ?
M. : — De la soupe à midi ? Ça ne va pas ? Non, moi j'adore les frites, mais il n'y a jamais assez de frites et puis elles ne sont pas aussi bonnes qu'à la maison... C'est comme ça aussi pour la viande. Alors, je mange plus volontiers le soir, au dîner.

3. p. 107
Mathieu : — Tu veux encore de la salade ?
Nicolas : — Non, non, plus de salade pour moi.
M. : — Tu n'en veux plus ? Alors, tu veux du raisin ?
N. : — Non, je n'en ai pas envie. Je n'ai envie de rien.
M. : — Eh, tu ne te sens pas bien ?
N. : — Non, je suis malade.
M. : — Malade ? Depuis combien de temps ? Depuis cinq minutes ? Tu es un drôle de malade, toi ! Peut-être que tu n'as pas envie d'aller en maths, et tu préfères rester cet après-midi à l'infirmerie, et dormir ! C'est ça ?
N. : — Mais non, je ne suis vraiment pas en forme : j'ai chaud partout, j'ai de la fièvre, quoi !
M. : — C'est vrai ? Tiens, bois de l'eau. À ta santé !

4. p. 107
— Dis maman, il y a encore des bonbons à la maison ?
— Non, il n'y en a plus ! Mais je n'en achète pas, tu en manges trop ! Tu veux faire comme ton cousin ?
— Mon cousin ? Qu'est-ce qu'il a, mon cousin ?
— Tu veux aller chez le dentiste toutes les semaines ? Il faut arrêter de manger des sucreries, des gâteaux et du chocolat, tu sais ! C'est très mauvais pour les dents.
— Maman, tu m'ennuies un peu avec tes conseils. Je ne suis plus un bébé !
— Je t'ennuie, peut-être, mais c'est mieux de manger moins de sucre, et plus de légumes et de fruits. Bon, maintenant il faut acheter du pain. Tu viens avec moi ?
— D'accord, maman. Volontiers. On achète aussi des croissants ?

Écoute !

p. 108
La semaine de mon ami
Le lundi, il reste au lit.
Le mardi, il dort toute la nuit.
Le mercredi, il se repose aussi.
Le jeudi, il se lève à midi.

LES TRANSCRIPTIONS - LIVRE DE L'ÉLÈVE

Le vendredi, il n'a pas envie d'aller à Paris le samedi.
Et le dimanche, c'est la folie !

À toi de parler !

1. p. 109
— Tu veux encore de l'eau ?
— Oui, merci, je veux bien. Ton eau est bonne !

2. p. 109
— Elle fait du sport ?
— Non, elle ne fait pas de sport du tout !
— Moi, j'en fais beaucoup.

3. p. 109
— C'est vrai ? Il faut boire de l'eau ?
— Oui, c'est vrai, bois de l'eau !

4. p. 109
— Il y a encore des frites, non ?
— Non il n'y en a plus.

5. p. 109
— Qu'est-ce que tu manges ?
— De la viande, pourquoi ?
— Tu aimes la viande ?
— Oui, j'en mange tous les jours.

À toi de jouer !

2. p. 110
a. — Elle parle vite, n'est-ce pas ?
— Non, au contraire, elle parle lentement ;
b. — Il y a trop de pain !
— Au contraire, il n'y en a pas assez !
c. — La soupe n'est pas froide !
— Non, elle est assez chaude.
d. — Il y a encore beaucoup de fruits !
— Au contraire, il n'y en a plus, je crois.

4. p. 111
L'interview de Nicolas Deferre
Nicolas, vous êtes un grand sportif, tout le monde vous connaît. Et vous êtes toujours en pleine forme !
— C'est vrai que je suis en forme, oui, mais...
— Comment vous faites ?
— Pour être en forme ? Oh ! C'est très simple, vous savez. D'abord je fais beaucoup de sport, bien sûr, au moins 6 heures par jour, tous les jours. Je ne sors pas beaucoup : je sors le soir seulement une fois par semaine, je dors beaucoup, je mange bien mais jamais trop.
— Vous mangez des sucreries ?
— Oui bien sûr, j'adore ça ! Mais, pas trop, je fais attention.
— Vous fumez ?
— Non, bien sûr. Mais attention ! Je vis bien et j'aime bien vivre ! J'ai des amis, j'aime beaucoup de choses, je lis, je ne m'ennuie jamais... La vie est belle, quoi !
— Merci beaucoup, Nicolas.
— Je vous en prie. Au revoir.

CIVILISATION

2. p. 113
Interview d'un jeune Français
— Valentin, vous avez quel âge ?
— J'ai 16 ans.
— Et vous avez un piercing au-dessus de l'œil ?
— Oui.
— Depuis combien de temps ?
— Un an. Euh... exactement 9 mois.
— Il y a beaucoup de jeunes qui ont des piercings ?
— Oui, beaucoup de jeunes différents ont des piercings. Ça fait jeune, euh... ça fait très jeune, ça fait, ça fait très cool, c'est... euh... c'est la mode.
— Est-ce que vous avez aussi un tatouage ?
— Non, pas encore. Mais j'ai envie, et je pense m'en faire un ensuite.
— Ensuite. Pourquoi « ensuite » ?
— Parce que maintenant, je suis trop jeune. Il faut attendre un peu. Mais à 19-20 ans, je vais me faire un tatouage sur le bras gauche.
— Le bras gauche ? Et vous savez déjà quel tatouage ?
— Ah oui, le dessin, oui.
— Et vous avez beaucoup de copains avec un tatouage ?
— Non, c'est pas comme le piercing, il y a moins de jeunes avec un tatouage.... Mais c'est joli. En été, on voit les tatouages... On a un style !
— On a quel style, avec un tatouage ?
— Euh, un petit tatouage, ça fait chic. Moi, j'aime bien...

■ PRÉPARATION AU DELF

Oral collectif

1. p. 118 Annonces à l'aéroport
a. Attention, pour le vol IB 430, nouvelle heure de départ : 7h45
Attention, pour le vol IB 430, nouvelle heure de départ : 7h45
b. Attention, pour le vol AF 76, nouvelle heure de départ : 11h56

LES TRANSCRIPTIONS - LIVRE DE L'ÉLÈVE

Attention, pour le vol AF 76, nouvelle heure de départ : 11h56
c. Attention, pour le vol LU 85, nouvelle heure de départ : 15h17
Attention, pour le vol LU 85, nouvelle heure de départ : 15h17

2. p. 118 Le matin
— Vous allez au collège comment ?
— À vélo. C'est trop loin pour y aller à pied.
— En hiver aussi ?
— Oui.
— Et vous partez de chez vous à quelle heure ?
— Le matin, à 7 heures et demie, 8 heures moins le quart, à peu près.
— Vous retournez à la maison pour manger ?
— À midi ?
— Oui.
— Non, je déjeune à l'école.
— C'est bon ?
— C'est pas comme à la maison, mais… oh, ça va…

LES TRANSCRIPTIONS - CAHIER D'EXERCICES

CD 2 CAHIER D'EXERCICES
Transcription des activités d'écoute

Page 5
UNITÉ 1 – E
C'est du français ?
1. Ladies and gentlemen.
2. Señoras y señores.
3. Meine Damen und Herren
4. Mesdames et messieurs.
5. Die Passagiere werden gebeten nicht zu rauchen.
6. Passengers are kindly requested to refrain from smoking.
7. Les passagers sont priés de ne pas fumer.
8. Rogamos a los señores pasajeros se abstengan de fumar.

Page 6
UNITÉ 2 – C
Nationalités. Masculin ou féminin ?
1. Tu es française ?
2. Tu es suisse ?
3. Tu es américain ?
4. Tu es belge ?
5. Tu es grec(que) ?
6. Tu es marocaine ?
7. Tu es danois ?
8. Tu es portugais ?

Page 9
UNITÉ 3 – F
Salut !
1. Tiens, salut Julie ! Ça va ?
— Ça va...
2. Salut, Anne. Ça va ?
— Ça va très bien !
3. Tiens, salut Fanny ! Ça va ?
— Pas mal... Et toi ?
4. Bonjour Benoît.
— Salut Valérie ! Ça va bien ?
5. Salut Gaëlle. Ça va ?
— Bien, et toi ?
— Pas mal, merci !

UNITÉ 3 – G
Masculin ou féminin ?
1. Tu es allemand ?
2. Tu es américaine ?
3. Tu es anglaise ?
4. Tu es espagnol(e) ?
5. Tu es européenne ?
6. Tu es brésilien ?
7. Tu es française ?

UNITÉ 3 – H
Ça va ?
1. Ça va, Gilles ?
— Oui.
2. Ça va, Maria ?
— Non, ça va mal !
3. Ça va, Laurent ?
— Ça va...
4. Ça va, Franck ?
— Non.
5. Ça va, Anne ?
— Très bien, et toi ?
6. Ça va, Gaëlle ?
— Pas mal.
7. Ça va, Luc ?
— Non, ça va mal !

Page 11
UNITÉ 4 – D
OUI ou NON ?
1. Je ne suis pas français.
2. Je parle italien.
3. Tu n'es pas américaine ?
4. Tu ne t'appelles pas Paul ?
5. Je m'appelle Patrick.
6. Je suis de Paris.
7. Ça ne va pas bien

UNITÉ 4 – E
Comment ça s'écrit ?
1. Elle est canadienne ?
— Comment ça s'écrit, canadienne ?
— C-A-N-A-D-I-E deux N-E.
2. Je suis de Winnipeg.
— Ça s'écrit comment, Winnipeg ?
— W-I deux N-I-P-E-G
3. Je m'appelle Christine.
— Et ça s'écrit comme ça se prononce ?
— Non. Christine, avec C-H-R et N-E.
4. Moi, je m'appelle Jean-Jacques. Ça s'écrit J-E-A-N trait d'union J-A-C-Q-U-E-S.
5. Je suis de Saint-Dié. Saint-Dié, ça s'écrit S-A-I-N-T trait d'union, D-I-E accent aigu.
6. Tu es d'Herbeys ?
— Oui.
— Comment ça s'écrit ?
— H-E-R-B-E-Y-S
7. Je suis de Chalon.
— Avec A accent circonflexe et un S ?
— Non, ça s'écrit comme ça se prononce.

LES TRANSCRIPTIONS - CAHIER D'EXERCICES

Page 13
UNITÉ 4 – J
Élodie
— Bonjour.
— Bonjour.
— Tu t'appelles comment ? [bruit…] Pardon ?
— Je m'appelle Élodie.
— Élodie quoi ?
— Vallaire.
— Ça s'écrit comme ça se prononce ? Avec E accent grave R-E ?
— Non.
— Ah bon… Alors, comment ?
— Avec deux L, A-I-R-E
— Ah, d'accord… Tu es française ?
— Oui, bien sûr !
— D'où ?
— De Toulouse.
— Ah, et tu parles espagnol ?
— [bruit]
— Quoi ?
— Pas très bien.
— Mm… Tu parles d'autres langues, anglais ou allemand ?
— Je comprends bien l'anglais, et un peu l'allemand.
— Et tu es à Paris pour le Festival européen ?
— C'est ça !

Page 14
UNITÉ 5 – B
Singulier ou pluriel ?
1. Elles habitent à Paris.
2. Il habite à Londres.
3. Ils habitent à Mexico.
4. Elle habite à New York.
5. Elles habitent à Tunis.
6. Il habite à Moscou.
7. Ils habitent à Varsovie.

UNITÉ 5 – C
ÊTRE et FAIRE

1. vous êtes	1. elles font
2. vous êtes	2. ils sont
3 vous faites	3. ils font
4. vous êtes	4. elles font
5. vous faites	5. ils sont
6. vous faites	6. elles font.

Page 16
UNITÉ 5 – J
TU ou VOUS ?
1. Bonjour madame.
2. Tiens, salut Paul !
3. Ça va, et toi ?
4. Vous allez comment ?
5. Comment ça va ?
6. Vous dites d'où ?
7. Tu es d'où ?
8. Merci, monsieur.

Page 17
UNITÉ 5 – L
Portrait d'Alexis
— Vous vous appelez comment ?
— Alexis.
— Comment ?
— Alexis : A-L-E-X-I-S
— Ah, Alexis ! Et vous êtes d'où ?
— D'Athènes.
— Ah bon ? Vous n'êtes pas français ?
— Non, je suis grec.
— Mais vous parlez bien français !
— Oui, pas mal…
— Oui, pas mal !... Et vous parlez d'autres langues ?
— Oui, allemand et russe.
— Et qu'est-ce que vous faites ?
— Je suis journaliste.

Page 20
UNITÉ 6 – F
AVOIR ou ÊTRE ?

1. ils ont	1. j'ai
2. ils sont	2. tu es
3. elles ont	3. j'ai
4. ils sont	4. j'ai
5. elles sont	5. tu es
6. elles ont	6. tu es
7. ils sont	7. j'ai

UNITÉ 6 – G
Qu'est-ce qu'ils ont ?
1. Pierre a 1 trompette, et Marie n'a pas de trompette : ils ont 1 trompette.
2. Pierre a 1 chien, et Marie 2 : ils ont 3 chiens.
3. Pierre a 12 CD et Marie 34 : ils ont 46 CD.
4. Pierre a 17 BD et Marie aussi : ils ont 34 BD
5. Pierre et Marie n'ont pas d'ordinateur.
6. Pierre n'a pas de vélo mais Marie a 2 vélos : ça fait 2 vélos.
7. Pierre a 19 livres et Marie 31 : ils ont 50 livres.

LES TRANSCRIPTIONS - CAHIER D'EXERCICES

UNITÉ 6 – H
Vrai ou faux ?
1. 7 et 9 font 17.
2. 20 et 20 font 40.
3. 36 et 3 = 39.
4. 17 et 11 = 29.
5. 10 et 16 = 27.
6. 35 et 15 font 50.

Page 22

UNITÉ 6 – L
Ils ont quoi ?
1. Vincent a une montre, et Élisabeth a beaucoup de livres.
2. Vincent n'a pas de poupée, Élisabeth a 5 poupées.
3. Vincent a 3 vélos et Élisabeth a 1 moto.
4. Vincent a 1 ordinateur et Élisabeth a 42 CD.
5. Vincent a beaucoup de jeux vidéo et Élisabeth aussi.
6. Vincent parle 1 langue étrangère, mais pas Élisabeth.
7. Vincent et Élisabeth ont des bandes dessinées.

UNITÉ 6 – M
Un Japonais
— Vous vous appelez comment ?
— Ito.
— Comment ?
— Ito. Ça s'écrit I-T-O. Je suis japonais.
— Vous êtes japonais et vous avez un appareil photo...
— Non, pas un, mais trois.
— Ah...? Vous êtes d'où ?
— De Kyoto. Ici, j'habite chez madame Delabre.
— Chez Michèle ? ... Elle a des livres japonais, Michèle. Elle parle bien japonais ?
— Elle a des livres japonais, beaucoup, elle a des CD aussi, vingt ou trente, mais elle ne parle pas japonais.
— Ah bon ?... Vous parlez très bien français, vous ! Qu'est-ce que vous faites, ici ?
— Je suis photographe, et je fais des photos d'Orléans.

Page 25

UNITÉ 7 – E
Ils sont où ?
1. Dis, je cherche la guitare. Tu ne sais pas où elle est ?
— Elle est dans l'armoire !
— Ah oui ! merci.
2. Où sont les livres d'histoire ?
— Là, sur l'étagère.
3. Dis, tu sais où est le chien ?
— Oui, il est là, devant moi.
4. Dis, la moto est où ?
— Elle n'est pas dans le garage ?
— Euh... Ah, je sais : elle est derrière la maison.
5. Allo, bonjour. Ici Jacques. Est-ce que Cécile est à la maison ?
— Ah ! Bonjour Jacques. Ça va ?
— Oui. Cécile est là ?
— Elle est dans la salle de bains.
6. Qu'est-ce que tu cherches ?
— Les CD de Thomas Fersen.
— Ils ne sont pas à la maison, ils sont chez Jacques.
7. Dites, où est la trompette de Marie ?
— Je ne sais pas...

Page 26

UNITÉ 7 – F
Les nombres
1. 12 + 11 = 23
2. 15 + 13 = 28
3. 7 + 28 = 35
4. 27 + 4 = 31
5. 33 + 34 = 67
6. 19 + 51 = 70
7. 16 + 60 = 76.

UNITÉ 7 – G
Quel est le mot ?
1. De ma chambre en automne...
2. Je l'ai attendue dans l'entrée...
3. Mon oncle qui fait la cuisine...
4. Je revois ma mère dans le salon...
5. Elle est dans sa salle de bains parfumée...

Page 27

UNITÉ 7 – L
Enquête
1. — Je m'appelle Pierre.
— Pierre comment ?
— Pierre Durand.
— Ça s'écrit comment ?
— Durand, ça s'écrit D-U-R-A-N-D.
— Et vous faites quoi ?
— Je suis architecte, à Paris.
2. — Dis, Cécile tu as une guitare ?
— Oui.
— Elle est où ?
— Là, sous le lit.
— Ah, merci.
3. — Tiens, salut Paul ! Tu habites à Paris, maintenant ?
— Non. J'habite à Nice.

LES TRANSCRIPTIONS - CAHIER D'EXERCICES

— Ah, à Nice ! Et qu'est-ce que tu fais ?
— Je suis avocat.
4. — Dis, tu as un vélo ?
— Un quoi ?
— Un vélo.
— Oui.
— Il est où ?
— Dans le garage.
5. — Allô ? C'est Zoé.
— Zoé ? Zoé ?
— Oui Zoé Dupont, tu sais ...
— Ah, Zoé Dupont ! Tu as le téléphone ?
— Oui. Chez moi...
— C'est quel numéro ?
— Le 01 45 12 17 36.
— Le combien ?
— 12 17 36.
— Ah, bien.
6. — Voilà Marianne.
— Marianne qui ?
— Marianne Sertis.
— Sertis ? Ça s'écrit comment ?
— S.E.R.T.I.S.
— Elle habite où ?
— Rue de la Musique.
— À quel numéro ?
— Au 27.
— Combien ? 17 ?
— Non, 27.
— Ah, bien, merci.

Page 28

UNITÉ 7 – M
Le commissaire sait...

— Bonjour monsieur.
— Bonjour. Je suis commissaire de police. Je m'appelle Marchand.
— Bonjour... monsieur le commissaire.
— Tu t'appelles bien... Bygot-Lesmure ?
— Oui, Pierre-Yves Bygot-Lesmure.
— Ça s'écrit comment ?
— Regardez, c'est écrit sur la porte.
— Ah oui ! B-Y-G-O-T trait d'union L-E-S-M-U-R-E. Et tu as quel âge ?
— Quatorze ans.
— Bon. Tu as une moto, n'est-ce pas ?
— Euh... oui. Enfin, une petite moto, un vélomoteur, quoi !... Mais je ne sais pas où il est.
— Tu es lycéen, n'est-ce pas ?
— Non, je suis collégien.
— Ah ! Tu as aussi un chien allemand, non ?
— Non, je n'ai pas de chien allemand, j'ai un chien belge... Je ne sais pas où il est : je le cherche.
— Eh bien, Pierre-Yves, moi, je sais où ils sont.
— Le vélomoteur et le chien ? Ah, merci monsieur le commissaire !
— Oui, le vélomoteur est ici, dans la rue, devant chez toi, et le chien est chez moi.
— Chez vous ?
— Oui, dans mon jardin.

Page 31

UNITÉ 8 – F
Quel est le mot ?

1. Comme tous les matins d'été ...
2. Les soirs de septembre, je vais rêver...
3. Mais c'est bientôt décembre...
4. De ma chambre en automne...
5 et 6. Jusqu'au printemps ou en hiver...
7 et 8. Rêver d'août et de juillet...

Page 32

UNITÉ 8 – G
Climats

1. J'habite en Norvège.
2. Il fait 35 degrés.
3. Il fait moins 12 degrés !
4. Il habite en Afrique.
5. Il neige.
6. C'est l'hiver.
7. C'est l'été.

UNITÉ 8 — H
Météo

Bonsoir. Voici notre bulletin météorologique par régions. Aujourd'hui 1er mars, assez beau temps en Bretagne et en Normandie, mais beaucoup de pluie à Paris, dans le Nord, la Lorraine et l'Alsace. Neige dans le Jura, les Alpes et le Massif central, où c'est encore l'hiver. Grand beau temps dans l'Aquitaine, les Pyrénées, le Languedoc, la Côte d'Azur et la Corse, où c'est déjà le printemps.

Page 33

UNITÉ 8 – L
Le temps qu'il fait

Dans l'ouest de la France, à Brest et à Bordeaux, il fait mauvais, et la température est de 10° à Brest et 11° à Bordeaux.
Dans le sud de la France, à Toulouse et à Marseille, il fait beau, mais il ne fait pas très chaud pour la saison : 12° à Toulouse et 9° à Marseille.
Dans les Alpes, à Grenoble, il neige, et la température est normale pour la saison :

moins 5 degrés. Dans le centre de la France, à Tours, il ne fait pas très beau, mais il ne fait pas très froid : 13°.
À Paris, il fait chaud pour la saison : 17°, et il fait beau. Il fait beau aussi à Rouen où il fait aussi 17°. Dans le nord-est du pays, à Lille, il fait mauvais et froid : 3°.

Page 37

UNITÉ 9 – D
Chalon-sur-Saône

À Chalon, la banque est sur la place de la mairie, et l'église à droite de la place. Il y a un hôtel derrière la banque, et il y a un cinéma en face de l'hôtel. Il y a aussi un commissariat de police au coin à droite de la place, et une station de taxis devant l'église. La poste est entre la banque et la mairie.

UNITÉ 9 – E
Où ?

1. Pardon, madame, vous savez où il y a un restaurant ?
— Un restaurant ? Là-bas, à gauche de la banque.
2. Excusez-moi, madame, je ne suis pas d'ici et je cherche une cabine téléphonique.
— Une cabine téléphonique ? Il y a une cabine devant le cinéma, là-bas.
— Merci madame.
— Je vous en prie.
3. S'il vous plaît, monsieur, est-ce qu'il y a une poste, ici ?
— Une poste ? Au coin de la place, là-bas.
— Merci, monsieur.
— Je vous en prie.
4. Excusez-moi, mademoiselle, où est-ce qu'il y a un supermarché ?
— Un supermarché ? Pas ici, mais à 10 km au nord de la ville.
5. Dites, monsieur, où est la mairie, s'il vous plaît ?
— La mairie ? Elle est à côté du pont, là-bas.
— Ah ! Merci beaucoup.

Page 39

UNITÉ 9 – J
Numéros de téléphone.

1. Excusez-moi, monsieur, quel est le numéro de téléphone de l'hôtel ?
— Ici, c'est le 01 43 56 67 78... oui, c'est ça : 56 67 78.
2. Merci. Et vous avez le numéro de téléphone de la gare ?
— Oui. C'est le 01 34 65 77 77... oui, c'est ça : 77 deux fois.
3. Pardon madame, quel est le numéro de téléphone du restaurant ?
— Ici, c'est le 03 54 18 86 96... 54 18 86 96.
4. S'il vous plaît, monsieur, quel est le numéro de téléphone de la banque ?
— Ici, c'est le 04 65 15 97 97... oui, 97 deux fois.
5. Dites, quel est le numéro de téléphone de la gendarmerie ?
— C'est le 05 12 13 67 14.
6. Dis, tu sais quel est le numéro de téléphone du cinéma ?
— Attends...euh... C'est le 02 47 96 87 78... oui, 47 96 87 78.

Page 40

UNITÉ 9 – M
À louer

1. Le premier appartement se trouve au premier étage. En face de la porte d'entrée, il y a la porte de la première chambre. Derrière la chambre et à droite, il y a une deuxième chambre avec 2 lits. À côté, à droite des chambres, la salle de bains et les toilettes, et à droite encore, la cuisine. À côté, à droite encore, la troisième chambre. Le séjour est entre l'entrée et la troisième chambre.
2. Dans le deuxième appartement, l'appartement du deuxième étage, à droite de l'entrée, il y a une salle à manger, et à gauche, la cuisine, une cuisine très moderne. Au fond à droite, il y a deux chambres. Le coin gauche, c'est le séjour. La salle de bains et les WC se trouvent entre les deux chambres et la salle à manger.

Page 41

UNITÉ 9 – P
Drôle d'adresse

— Voilà, on est maintenant dans la rue de Sèze.
— Oui, c'est là.
— C'est bien la rue où vous habitez ?
— Oui, oui, j'habite ici.
— À quel numéro ?
— Au numéro 16.
— Alors, vous habitez 16, rue de Sèze ?
— Oui, j'ai une drôle d'adresse.
— Et pas compliquée : 16 et Sèze, ça ne fait pas 32 !

LES TRANSCRIPTIONS - CAHIER D'EXERCICES

Page 43

UNITÉ 10 – D
Verbes

1. elles vont	1. je sais
2. ils vont	2. j'ai
3. elles ont	3. je vais
4. elles sont	4. j'ai
5. ils vont	5. je vais
6. elles sont	6. je sais
7. ils ont	7. j'ai

UNITÉ 10 – E
C'est loin de Paris ?

1. — Grenoble, c'est loin de Paris ?
— Grenoble ? Non, ce n'est pas loin, c'est à 560 km d'ici, à peu près.
— À 560 km !
— Oui, mais seulement à 45 minutes d'ici... en avion.
2. — Et Marne-la-Vallée ?
— Marne-la-Vallée ? Non, ce n'est pas loin, c'est seulement à 15 km d'ici.
— à 15 km ?
— Oui, à 20 minutes d'ici, en RER.
3. — Et Lille ?
— Lille ? À 215 km d'ici.
— 215 km ? Ce n'est pas loin...
— Si, c'est loin ! C'est 2 780 minutes d'ici.
— 2 780 minutes ?
— Oui, 2 780 minutes !... À pied, hein, bien sûr...
4. — Et Rome ?
— Ah, Rome, c'est loin, c'est à 1 500 km d'ici... mais en avion, ce n'est pas loin : à 112 minutes seulement.
5. — Et Bordeaux ?
— Bordeaux est à 540 km de Paris... 540 km, c'est-à-dire à 300 minutes... en train.
6. — Et Londres ?
— Londres est à 340 km de Paris.
— 340 km ?
— Oui, à 240 minutes en voiture, plus 40 minutes en bateau. C'est-à-dire à 280 minutes en tout.
7. — Et Marseille ?
— Paris-Marseille, ça fait 770 km... Mais Marseille, ce n'est pas loin : c'est seulement à 1 h de Paris, en avion.
8. — Et Copenhague ?
— Ah, le Danemark, c'est loin ! Copenhague est à 1320 km d'ici.
— 1320 km, mm... À vélo, ça prend...?
— 4271 minutes, exactement 4271 minutes !
9. — Et Lyon ?
— Lyon est à 450 km de Paris, à peu près, mais en train, en TGV, c'est à côté : 123 minutes seulement.

UNITÉ 10 – F
Attention, c'est compliqué !

Jules est à la gare. Il prend à droite, puis tourne à gauche et passe sur le pont St-Louis. Ensuite, il va tout droit jusqu'à l'église, il passe derrière, et il tourne à gauche. Il va tout droit, passe devant la mairie et devant l'école. Ensuite, il prend à droite deux fois, passe derrière l'école, prend la deuxième rue à gauche, et arrive chez lui.

UNITÉ 10 – K
Où vont-ils ?

1. Excusez-moi, pour aller à la gare, s'il vous plaît ?
— Vous êtes à pied ? La gare est à 8 km d'ici, et c'est compliqué pour y aller.
— Il y a des autobus ?
— Non.
— Alors, je prends un taxi ?
— Oui, c'est plus simple !
2. Tu vas où ?
— Au Brésil.
— Au Brésil ? Mais c'est loin ! Et tu y vas comment ?
— Pour moi, c'est vraiment simple...
— Hein ?
— Eh oui : je travaille chez Air France...
3. Dites, je cherche le commissariat de police. Vous savez où il est ?
— Le commissariat ? À vélo, il n'est pas loin...
— Mais c'est compliqué d'y aller, n'est-ce pas ?
— Pas vraiment. Vous prenez l'avenue, là, tout droit (oui). Au carrefour, vous tournez à gauche (mm), vous faites à peu près un km (1 km), et vous voyez le commissariat, sur la droite. (mm) À vélo, ça prend 10 minutes, seulement.
— Merci, monsieur !

Page 45

UNITÉ 10 – L
Je ne suis pas d'ici

— Pardon monsieur, je ne suis pas d'ici. Vous savez où est la poste ?
— Oui. Ici, on est au port. En face, là-bas, il y a la mairie. Derrière la mairie, il y a une

LES TRANSCRIPTIONS - CAHIER D'EXERCICES

place : c'est la place de la Mairie. Il y a une église à droite de la place. La poste se trouve au coin à droite de la place de la Mairie. L'entrée de la poste est en face de l'église.
— Ah, ce n'est pas compliqué !
— Non, non... et derrière la poste, à gauche de la Banque de France, vous avez un restaurant fantastique : le restaurant Napoléon.
— Le restaurant Napoléon? Ah, c'est là? Oh, fantastique, ça !... Et il y a un garage dans la ville ?
— Oui, une station ELF. Vous avez des problèmes mécaniques ? Pour aller à la station, du restaurant, c'est très simple : vous prenez la rue qui passe entre le restaurant et la poste vers l'ouest, c'est-à-dire à gauche. Vous passez deux rues, et vous voyez le garage sur votre droite...
— Merci beaucoup, monsieur.

Page 49
UNITÉ 11 – D
Adjectifs
1. beau
2. fou
3. vieille
4. bon
5. grande
6. petite
7. mauvais
8. nerveux
9. grosse
10. blonde
11. amusant
12. sportif

UNITÉ 11 – E
Verbes
1. elle aime
2. ils aiment
3. on aime
4. vous aimez
5. elles aiment
6. je préfère
7. il préfère
8. vous préférez

Page 51
UNITÉ 11 – J
Comparaisons
1. Le vélo de Valérie est plus rapide que le vélo de Nicolas
2. Valérie est petite et Nicolas est grand.
3. Elle est moins riche que Nicolas.
4. Valérie est sportive. Nicolas ne l'est pas.
5. Elle est aussi peu ennuyeuse que Nicolas.
6. Valérie est blonde. Nicolas est brun.
7. Le portable de Valérie est meilleur que le portable de Nicolas.

UNITÉ 11 – K
On aime ?
1. Vous aimez la musique pop ? Moi, pas du tout !
2. C'est une très belle voiture !
3. C'est un très mauvais restaurant !
4. Jacqueline est assez sympa.
5. Vous aimez le professeur de français ?
— À la folie !
6. Voyons ! Ça ne m'ennuie pas !
7. Ça me plaît assez, ça...
8. Le film n'est pas ennuyeux.
9. J'aime passionnément Laurent !
10. J'aime bien Jean-Jacques Goldman.

Page 52
UNITÉ 11 – N
La banlieue
— Dis, où est-ce que tu habites ?
— À Echirolles, c'est dans la banlieue est.
— C'est sympa ?
— Échirolles ? Pas du tout ! Tu sais, la banlieue, c'est laid et ennuyeux !
— Mais pourquoi est-ce que tu habites là-bas ?
— Parce que c'est moins cher qu'au centre de Grenoble !
— Tu prends le bus pour y aller ?
— Oui, c'est loin d'ici: du centre-ville, c'est à 40 minutes en bus, à peu près. Tu habites au centre, toi?
— Oui, à côté du pont de la gare. L'appartement est vieux mais il est très grand. Moi aussi, je préfère le centre à la banlieue... Et tu sais, les appartements modernes de la banlieue sont aussi chers que les vieux appartements du centre-ville.
— Peut-être... Mais il fait très froid dans les vieux appartements à Grenoble, en hiver! Il fait meilleur dans mon appartement de banlieue en hiver que chez toi...
— C'est vrai, mais je préfère avoir froid, et habiter à côté des magasins, des cinémas, etc.

Page 57
UNITÉ 12 – E
Quel est le mot ? La famille.
1. Mon oncle qui fait la cuisine ...
2. Et les cheveux noirs de ma cousine Amélie ...
3. Loin, loin de leurs frères ...
4. Je revois ma mère dans le salon ...
5. Voir ma tante Aglaé ...

UNITÉ 12 – F
Singulier ou pluriel ?
1. Il veut bien.
2. Elle veulent bien.
3. Ils se connaissent.

LES TRANSCRIPTIONS - CAHIER D'EXERCICES

4. Il ressemble à sa sœur.
5. Il(s) porte(nt) des lunettes.
6. Elles rentrent ensemble.
7. Il(s) croie(nt) ça.
8. Elle(s) s'ennuie(nt).

Page 59
UNITÉ 12 – J
Généalogie. Vrai ou faux?
Mon père s'appelle Michel/et ma mère Brigitte.
Mon père a une sœur./Sa sœur s'appelle Laurence.
Laurence a 49 ans./Elle est mariée avec Didier,/qui a 56 ans.
Didier et Laurence ont deux enfants :/ François qui a 1 an,/et Marie qui a 13 ans.

UNITÉ 12 – K
L'âge (mathématiques)
1. — Dis, ton copain Jacques a quel âge?
— Il a 25 ans.
— Et sa sœur Marie?
— Elle a 3 ans de moins que Jacques.
2. — Dis, le type à gauche, sur la photo, qui est-ce?
— C'est mon oncle Jules.
— Il est vieux?
— Non. 76 ans seulement...
3. — Tu connais ma copine Joëlle?
— Joëlle? Une blonde qui a mon âge?
— Ton âge? Tu as 19 ans, non?
— Oui, c'est ça.
— Elle n'a pas ton âge! Elle a deux ans de plus que toi.
4. — Je connais bien la famille Garnier. Ils sont trois, et ils ont un chien qui s'appelle Fidèle... D'abord, il y a le grand-père, qui a 90 ans... Ensuite, il y a son fils Jacques qui a 30 ans de moins, et la femme de son fils, une brune, qui a 2 ans de plus que son mari ... Et leur chien, Fidèle, a exactement 60 ans de moins que la femme de Jacques Garnier.

Page 60
UNITÉ 12 – M
Interview à la radio
— Sylvie Rameau, bonjour et merci de venir chez nous à Radio-Plus.
— Bonjour.
— Bon. Je voudrais vous poser deux ou trois questions.
— Très bien. J'aime beaucoup les questions des journalistes.
— Ah bon? C'est formidable, ça. Alors, vous avez quel âge?
— Euh...J'adore ce genre de question...! Euh..., je suis née un 29 février, et c'est donc mon anniversaire aujourd'hui.
— Ah! Bon anniversaire, Sylvie!
— Merci beaucoup.
— Alors, ça vous fait quel âge?
— Je suis jeune, très jeune... Je ne me souviens pas très bien de mon âge.
— Oui, vous êtes vraiment une très jeune actrice, et vous n'aimez pas beaucoup parler de votre âge. Pourquoi?
— Bon, d'accord, vous voulez vraiment connaître mon âge?
— Euh, oui!
— J'ai vingt-cinq ans exactement.
— Merci. Vous êtes l'actrice principale de plus de quinze films; quel genre de films préférez-vous?
— Les films d'amour, bien sûr, ça me plaît, mais aussi les films d'aventure. J'aime passionnément l'aventure.
— Alors, vous aimez voyager?
— Oh oui! Beaucoup : en avion, en bateau... euh... mais aussi à pied : je suis sportive.
— Pas en voiture?
— Oh, la voiture... J'adore la voiture, bien sûr. J'ai une grosse voiture très confortable. Mais je suis sportive, vous savez!
— Bon, vous aimez le luxe?
— Le luxe? Non, pas à mon âge!... Non, j'aime... euh... mes amis, bien sûr, être avec mes amis...
— Et quoi encore?
— J'aime vivre, bien sûr!
— Bon. Merci Sylvie Rameau. Au revoir, et encore une fois, bon anniversaire!

Page 63
UNITÉ 13 – D
Quel est le mot?
Les moments de la journée.
1. Comme tous les matins d'été...
2. Midi sonne ...
3. Les soirs de septembre ...
4. Qui, la nuit, les emporte ...

UNITÉ 13 – E
Singulier ou pluriel?
1. Ils aiment leur travail.
2. Elles lisent un livre.
3. Il se lève le matin.
4. Elle lit tous les soirs.
5. Il téléphone à ses amis.

LES TRANSCRIPTIONS - CAHIER D'EXERCICES

6. Elle arrive à 5 heures et demie.
7. Ils rencontrent leurs voisins.
8. Elle discute toujours.

Page 65

UNITÉ 13 – J
Pardon monsieur, vous avez l'heure ?

1. — Pardon monsieur, vous avez l'heure, S.V.P. ?
— J'ai 5 h moins 5.
— Merci !
2. — Pardon monsieur, vous avez l'heure, S.V.P. ?
— J'ai 5 h 5.
— Merci !
3. — Pardon monsieur, vous avez l'heure, S.V.P. ?
— J'ai 5 h et quart.
— Merci !
4. Dis, il est quelle heure ?
— Il est exactement 7 h moins le quart.
— Oh ! Je suis en retard !
5. Dis, il est quelle heure ?
— Il est exactement 8 h moins 25.
— Oh ! Je suis en retard !
6. Dis, il est quelle heure ?
— Il est exactement 9 h 20.
— Oh ! Je suis en retard !
7. Excusez-moi madame, vous avez l'heure ?
— Il est 11 h et quart.
8. Excusez-moi madame, vous avez l'heure ?
— Il est 11 h 25.
9. Excusez-moi madame, vous avez l'heure ?
— Il est midi moins 5.
10. Dis, quelle heure est-il ?
— Moi, j'ai midi moins le quart.
— Oh, il est tard !
11. Dis, quelle heure est-il ?
— Moi, j'ai midi et demie.
— Oh, il est tard !
12. Dis, quelle heure est-il ?
— Moi, j'ai minuit 5.
— Oh, il est tard !

Page 66

UNITÉ 13 – N
Quel est leur travail ?

1. Jeanne
Jeanne se lève très tôt le matin, parce que son boulot commence à 7 h et demie. À midi, elle mange à la cafétéria de l'usine où elle travaille. Le soir, Jeanne dîne en famille et se couche tôt. Le samedi et le dimanche, elle ne porte jamais son vêtement de travail : elle reste à la maison.
2. Élisabeth
Élisabeth arrive au bureau vers 9 h. Elle y rencontre beaucoup de gens. Dans son travail, elle parle vraiment beaucoup et ce n'est pas facile. Élisabeth ne rentre pas à la maison tous les soirs à la même heure, et ne va pas au bureau tous les jours...
3. Jacques
Jacques ne travaille pas dans une usine. Il se lève tôt ou tard, il rentre à la maison pour manger ou il mange dans un restaurant ou à la cafétéria du journal. Jacques se dépêche toujours, et il ne sait jamais à l'avance où il va travailler. Le matin, l'après-midi ou la nuit, on l'appelle au téléphone, il prend son appareil photo et il part.
4. Julien
Julien ne se dépêche pas pour aller au travail. Il ne prend pas le train, le bus ou le métro pour y aller. Il a un chien, un chat, et beaucoup d'autres animaux. Il mange toujours à la maison. Il se lève toujours très tôt parce qu'il a beaucoup de travail, sauf en hiver. Il vit et travaille seul avec sa femme, parce que maintenant, leurs enfants habitent en ville...

UNITÉ 13 – O
Ma femme

Oui ?...... Ah bon ? À quelle heure, chérie ?...... Ah, tu as faim ?...... D'accord, je te prépare un petit truc. Bise !
Ah, les femmes, les femmes !... C'est ma femme qui m'a appelé, là. Elle s'appelle Nathalie et elle est informaticienne. Elle fait des petits programmes informatiques pour les entreprises, et elle va les voir quand il y a des problèmes. Elle est géniale. Moi, l'informatique, je n'y comprends rien. Elle travaille beaucoup à la maison, avec Internet. Son bureau, c'est chez moi, je veux dire chez nous. Elle n'a pas d'emploi du temps fixe, et ça, c'est un peu fatigant pour moi. Il y a des jours où elle n'a pas beaucoup de travail : elle dort quand je pars travailler, elle se lève tard et elle reste une heure sous la douche. Et puis, il y a des jours, au contraire, où elle prend son petit déjeuner très tôt, devant son ordinateur pour se dépêcher, et elle travaille tard le soir... Mais elle ne fait pas ce qu'elle veut. Elle n'est pas libre. Il y a des jours

comme aujourd'hui, où une entreprise l'appelle, lui téléphone, parce qu'ils ont des problèmes avec les ordinateurs. Alors elle part à 5 ou à 6 h de l'après-midi, quand moi j'arrive à la maison, quand je rentre du boulot… Les gens détestent avoir des problèmes avec les ordinateurs parce que c'est compliqué. Et donc, ils l'appellent, et ils ne veulent pas attendre ! C'est comme ça…

Page 69

UNITÉ 14 – D
Singulier ou pluriel ?
1. Il boit trop de café.
2. Ils peuvent venir.
3. Elle vient aujourd'hui.
4. Elles se sentent mieux.
5. Elle(s) se repose(nt) toute la journée.
6. Il veut partir.
7. Il(s) fume(nt) beaucoup trop.
8. Elle peut manger des sucreries.
9. Ils boivent vraiment trop.
10. Ils se sentent très bien.

Page 70

UNITÉ 14 – G
Histoire
1. Le 14 juillet 1789 : Révolution française.
2. Le 18 juin 1815 : bataille de Waterloo (Napoléon).
3. Le 11 novembre 1918 : fin de la Première Guerre mondiale.
4. Le 8 mai 1945 : fin de la Deuxième Guerre mondiale.
5. Le 21 décembre 1958 : Le général de Gaulle est élu président de la République.
6. Le 18 mars 1962 : Indépendance de l'Algérie
7. Le 5 mai 2002 : J. Chirac est réélu président de la République.

Page 71

UNITÉ 14 – M
À quelle heure ?
a. — Dis, Pierre n'est pas là ?
— Non, il arrive seulement à midi.
— Ah, d'accord !
b. — Vous partez, Marie ? Mais vous travaillez à quelle heure ?
— À 9 h, seulement. Mais il faut attendre le bus, et ensuite le métro… Alors, je pars une heure avant…
c. — Tu vas te coucher, Jacques ?
— Oui, il est tard !
— Mais non, il n'est pas tard : il est seulement 9 h 25.
d. — Et ta sœur Odile ?
— Elle est au lit : c'est dimanche, aujourd'hui…
— Elle y reste toute la journée ?
— Non, seulement jusqu'à 2 h et demie, en général…
e. — Ils mangent beaucoup, les Ligier ?
— Toute la journée !
— Non !…
— Si, si ! Le dimanche, ils restent à table de midi et demie à 4 heures et demie.
— Quatre heures à table ! Quelle famille ! Ils sont fous !
f. — Et la famille Trucmuche ?
— Oh, quelle famille… Ils se lèvent tôt le matin, tu sais.
— Ah bon ! À quelle heure ?
— À 6 heures… et une demi-heure après, ils prennent le petit déjeuner… Tous les jours à la même heure ! Le week-end aussi !

Page 72

UNITÉ 14 – N
Mon mari
Bonjour. Vous vous souvenez de moi ? Non ? Mais si ! Je suis Nathalie, vous savez, l'informaticienne, la femme qui travaille à la maison, qui n'a pas d'emploi du temps fixe… Ça y est ? Vous vous souvenez de moi ? Bon…
Mon mari, il est employé dans une petite banque régionale. Il n'est pas du tout comme moi : c'est le genre tranquille, qui aime bien partir tous les jours au boulot à la même heure, rentrer à la même heure, et lire le même journal tous les matins. Et puis, il se repose beaucoup parce qu'il est toujours un peu fatigué. Il a toujours sommeil, et le soir, à 9h, il est au lit ! C'est simple : je crois qu'il est né fatigué. Et puis, il va chez le médecin 4 fois par an, parce qu'il se sent un peu malade, ou simplement pas en forme. Il est un peu… Comment on dit… euh… hypocondriaque. Oui, vous savez, ces gens qui ont toujours un peu mal aux jambes, au dos, aux bras, à l'œil et à la tête, les gens qui se croient toujours un peu malades et qui se sentent mieux après un médicament ou deux… Évidemment, donc, il ne boit pas et il ne fume pas parce que c'est trop dangereux pour la santé, il ne regarde pas la télé parce que c'est un

LES TRANSCRIPTIONS - CAHIER D'EXERCICES

peu dangereux pour les yeux, et il ne mange pas de sucreries parce que c'est beaucoup trop dangereux pour les dents... Eh oui. Il est comme ça, mon mari. On ne se ressemble pas du tout, mais je l'aime bien, mon petit chéri, mon petit Julien. Il n'est pas ennuyeux, ne croyez pas ça! Au contraire, il est très amusant! Et en plus, il fait très bien la cuisine!

Page 74

UNITÉ 15 – C
Singulier ou pluriel?
1. Ils dorment mal.
2. Elle arrête de fumer.
3. Il(s) lui conseille(nt) de mieux manger.
4. Elles se sentent fatiguées.
5. Ils achètent de l'eau minérale.
6. Elle ne peut jamais sortir le soir.
7. Il doit prendre des médicaments.
8. Elle achète des croissants.
9. Il a toujours bon appétit.
10. Ils doivent se reposer.

Page 76

UNITÉ 15 – I
Combien de baguettes?
Vrai ou faux?
— Il faut acheter du pain. Tu viens avec moi? Tu as le temps?
— Oui, volontiers. Deux baguettes?
— D'accord.
— On achète aussi des croissants?
— Des croissants? À 5 h de l'après-midi?
— Oui, j'en ai envie.
— Bon, mais alors, je pense que deux baguettes, c'est trop. Une, seulement. Qu'est-ce qu'il faut d'autre?
— Des fruits, des légumes et des œufs.
— Dis, tu es végétarien, maintenant?
— Au fait, c'est la saison du raisin.
— C'est vrai! On en prend un peu?
— D'accord. Et tu fais un gâteau pour le dîner?
— Dis, chéri, c'est pas toi qui fais la cuisine, aujourd'hui?
— Pourquoi? On est quel jour?
— Jeudi.
— Pfff! Je n'ai pas le temps, aujourd'hui!
— Ah, ça, ce n'est pas mon problème!
— Là, tu n'es pas très sympa! Bon, alors ce soir, bifteck, frites, du raisin, et pas de gâteau!
— Oh, encore? La barbe! Tu m'ennuies avec ton bifteck-frites!

UNITÉ 15 – K
On sort?
— J'ai un peu faim. Pas toi?... Je n'ai pas envie de fromage, j'ai envie de... Non, je préfère ne pas dire ce que je veux!... Bon, mais à toi, je peux le dire: j'adore le chocolat, toutes les sucreries, les gâteaux, le Coca et toutes les limonades. C'est simple: j'aime le sucre... Tu trouves que je mange trop de sucre et que je ne fais pas assez de sport? Hein? Je sais que c'est dangereux pour la santé, je sais que maintenant, je suis un peu gros, et j'ai mal aux jambes! Je le sais! Ils le disent à la télé dans tous les programmes sur la santé: manger beaucoup de sucre, ce n'est pas sain. Manger des frites dans les restau rapides, dans les « Burger » et autres, ce n'est pas sain! Faites du sport! Ce n'est pas seulement à la télé: on peut le lire aussi dans les journaux! Moi, à la télé, j'aime bien les émissions sur la cuisine. Mmm! On voit comment ils font la cuisine dans les grands restaurants, ils donnent de bons conseils... Mais c'est compliqué, en général! Ouh là là! Au fait, on sort acheter de quoi manger? Tu es d'accord?
— Wouaf, Wouaf!
— Ah, je vois que tu as envie de sortir, toi! J'achète seulement de l'eau minérale?
— Wouaf, Wouaf!

Page 78

UNITÉ 15 – M
À la télévision
— Et voilà comment on fait un gâteau au raisin pour les grandes fêtes! C'est un peu compliqué, mais c'est vraiment très bon!... Bon appétit!
— Bon. Nous avons maintenant quatre appels au téléphone. Je prends le premier appel. Oui, allô?
— Allô?
— Bonjour monsieur. Quelle est votre question?
— Bonjour. Je m'appelle Pierre Henry.
— Pierre Henry?
— Oui. Henry, c'est mon nom, un drôle de nom, je sais, et Pierre, c'est mon prénom.
— Ah, très bien! Alors, quelle est votre question, M. Henry?
— Eh bien, je regarde beaucoup la télévision et j'aime bien votre émission.

LES TRANSCRIPTIONS - CAHIER D'EXERCICES

— Merci beaucoup. Et votre question, c'est…?
— Moi, je ne fais pas beaucoup la cuisine…
— Peut-être, mais vous regardez notre émission. Donc, la cuisine, ça vous plaît. Votre question s'il vous plaît?
— Oui, ça me plaît, votre émission. On voit comment ils font la cuisine dans les grands restaurants, vous donnez des conseils géniaux… Mais, comment dire, euh, je trouve ça compliqué, en général! Ouh là là!… Vous savez, pour moi, c'est impossible à faire! Et alors, ma question, c'est: comment est-ce qu'on fait les omelettes?
— Comment est-ce qu'on fait les omelettes? Mais avec des œufs, bien sûr! Excusez-moi, M. Henry, mais je ne comprends pas très bien votre question.
— Eh bien, votre gâteau au raisin, je pense qu'il est génial, mais c'est trop compliqué pour moi, et ça prend trop de temps! Est-ce qu'on peut voir aussi des trucs simples, comme comment faire une omelette, par exemple?
— Comment faire une omelette, toutes les semaines, à la télévision?
— Oui, oui, fantastique! Génial! Une omelette simple d'abord, ensuite une omelette au fromage, ensuite une omelette aux légumes, par exemple… euh, toutes les semaines, une nouvelle omelette, mais pas compliquée, hein?
— Mais monsieur, on ne peut pas faire une émission seulement sur les omelettes! Allez, bonsoir, M. Henry, bonsoir! Et merci encore de votre appel!

Texte complet de la chanson pour les activités d'écoute « Quel est le mot? » :

« Le rock des familles »
C'est à pied que je suis allé
Voir ma tante Aglaë
Je l'ai attendue dans l'entrée
Comme tous les matins d'été
Elle est dans sa salle de bains parfumée
Les soirs de septembre je vais rêver
Rêver d'août et de juillet.
Mais c'est bientôt décembre
Jeunes et vieux prennent le train
Qui la nuit les emporte loin
Loin de leurs frères
Jusqu'au printemps ou à l'hiver
Midi sonne
De ma chambre en automne
Je revois ma mère dans le salon
Mon oncle qui fait la cuisine
Je veux partir en avion
Ou faire de l'auto-stop
Jusqu'en Chine
À travers le bleu du ciel de mon lit
J'ai vu les grands yeux gris
Et les cheveux noirs de ma cousine Amélie
Traverser les souvenirs blancs de ma vie.

LE PORTFOLIO

Le Portfolio européen des langues

On trouvera des informations plus complètes sur le site du Conseil de l'Europe http://culture2.coe.int/portfolio/ dont voici un extrait.

■ QU'EST-CE QU'UN PORTFOLIO EUROPÉEN DES LANGUES ?

Il s'agit d'un document dans lequel toute personne qui apprend ou a appris une langue – que ce soit à l'école ou en dehors – peut consigner ses connaissances linguistiques et ses expériences culturelles, ce qui peut l'inciter à réfléchir sur son apprentissage.

Le Portfolio contient un passeport de langues que son détenteur met régulièrement à jour. Une grille lui permet de définir ses compétences linguistiques selon des critères reconnus dans tous les pays européens et de compléter ainsi les traditionnels certificats scolaires. Le document fournit aussi une biographie langagière détaillée englobant toutes les expériences faites dans les diverses langues et qui est destinée à orienter l'apprenant dans la planification et l'évaluation de son apprentissage. Un dossier rassemblant des travaux personnels attestant des performances atteintes complète le tout.

■ BUTS ET FONCTIONS D'UN PORTFOLIO EUROPÉEN DES LANGUES

Le Portfolio européen des langues a deux buts principaux :
a) motiver les apprenants en reconnaissant leurs efforts pour étendre et diversifier leurs capacités langagières à tous les niveaux ;
b) fournir un état des capacités langagières et culturelles qu'ils ont acquises (à consulter, par exemple, lorsqu'ils passent à un niveau supérieur d'apprentissage ou cherchent un emploi dans leur pays ou à (l'étranger). »

Inciter des élèves à élaborer leur Portfolio, c'est donc accroître leur motivation à apprendre d'autres langues, et à s'ouvrir à de nouvelles expériences interculturelles. C'est aussi les entraîner à réfléchir sur leurs objectifs et leurs manières d'apprendre, donc leur apprendre l'autonomie.

Les activités susceptibles de faire partie d'un Portfolio sont repérées par **PF** ; les dernières pages du *Cahier d'exercices* proposent une grille d'évaluation, et invitent les apprenants à dresser la liste des activités qu'ils ont faites et qu'ils souhaitent insérer dans leur Portfolio.

■ PROGRAMME COMMUNICATIF A1

C'est le programme correspondant au niveau défini ainsi par le Conseil de l'Europe sous le numéro A1 :
Utilisateur élémentaire. Peut comprendre et utiliser des expressions familières et quotidiennes et des phrases très simples qui visent à satisfaire des besoins simples et concrets. Peut se présenter ou présenter quelqu'un et poser à une personne des questions la concernant – par exemple, sur son lieu d'habitation, ses relations, ce qui lui appartient, etc. – et peut répondre au même type de questions. Peut

LE PORTFOLIO

communiquer de façon simple si l'interlocuteur parle lentement et distinctement et se montre coopératif.

(Extrait de *Les langues vivantes : un cadre européen commun de référence, apprendre, enseigner, évaluer,* Conseil de l'Europe, Strasbourg, 1998, édité par Didier (2001, 196 p.) sous le titre *Cadre européen commun de référence pour les langues, apprendre, enseigner, évaluer,* et téléchargeable sur le site : http://culture2.coe.int/portfolio//documents/cadrecommun.pdf)

LE PORTFOLIO

Le Cadre européen commun de référence et l'approche communicative

Le Cadre européen commun de référence est conçu pour que soient surmontées les difficultés de communication rencontrées par les professionnels des langues vivantes et qui proviennent de la différence entre les systèmes éducatifs (page 10) *Il offre une base commune pour l'élaboration de programmes de langues vivantes, de référentiels, d'examens, de manuels, etc. en Europe. Il décrit aussi complètement de possible ce que les apprenants d'une langue doivent apprendre afin de l'utiliser dans le but de communiquer (ibid.).*

Bien que se voulant « non prescriptif », l'accent mis sur la langue acquise dans le but de savoir *communiquer* fait que la réflexion qu'il suscite reprend et prolonge les apports de l'approche communicative.

Apprendre à communiquer

Il a été dit et « fantasmé » tant de choses sur l'approche communicative qu'il est peut-être utile de rappeler quelques-uns de ses principes de base :

• une langue vivante sert à communiquer et on apprend à communiquer en communiquant ;

• apprendre à communiquer ce n'est pas seulement chercher à maîtriser des structures langagières, c'est surtout savoir adapter ces structures à ce qu'on veut dire. Les intentions de communiquer (ce qu'on veut dire) sont des *actes de parole* (remercier, saluer, reprocher, prendre congé, informer, inviter...) qui déterminent la progression du cours de langue ;

• apprendre à maîtriser des actes de parole ne se réduit pas à trouver les structures langagières qui correspondent aux actes de parole. Savoir dire « au revoir » ne permet pas de prendre congé[1]. La compétence linguistique ne suffit donc pas pour savoir communiquer ;

• apprendre à communiquer c'est travailler sur des *énoncés* qui s'inscrivent dans une situation de communication donnée (on sait qui parle/écrit, à qui, avec quelle intention, dans quel contexte et dans quelle situation) ;

• apprendre à communiquer n'est donc pas travailler sur des *phrases* prises hors situation de communication, aussi intéressantes soient-elles pour comprendre le fonctionnement d'une langue[2] ;

• apprendre à communiquer c'est donc apprendre des structures en communiquant, ce n'est pas apprendre des structures pour pouvoir communiquer en fin d'apprentissage ;

---

1. Imaginez qu'un de vos invités, venu dîner chez vous, se lève à la fin du repas, dise « au revoir » et parte. Sa compétence linguistique (il sait employer *au revoir*) ne suffit pas à assurer l'acte de parole « prendre congé » qui suppose d'autres compétences, d'ordre socioculturel pour cet exemple.
2. Par exemple, la phrase souvent employée comme exemple du passif « La souris est mangée par le chat » est bien une phrase en ce sens qu'il est difficile de l'envisager comme un énoncé qui s'inscrirait dans une situation de communication : qui peut bien parler ainsi de la souris (et non d'une souris) et dire qu'elle est mangée par le chat alors qu'on attendrait plutôt « Oh ! tu as vu ? Le chat est en train de manger une souris ! » (à la rigueur *la* souris s'il s'agit de celle que les interlocuteurs ont remarquée depuis quelque temps...).

- apprendre une langue, comme pour tout autre apprentissage, c'est faire des erreurs, tâtonner, réfléchir sur ses erreurs ;
- apprendre une langue, comme pour tout autre apprentissage, c'est chercher, c'est éprouver ce qu'on comprend en essayant, c'est construire son savoir en agissant[3].

Enseigner à communiquer
- Enseigner à communiquer ce n'est donc pas proposer des explications et des exercices d'application.
- Enseigner à communiquer c'est proposer des « tâches » communicatives qui amèneront les élèves à apprendre ce dont ils ont besoin pour mener la tâche à bien.

---

3. « Conquérir soi-même [une connaissance], c'est passer par tous les détours que suppose une activité réelle » (Jean Piaget).

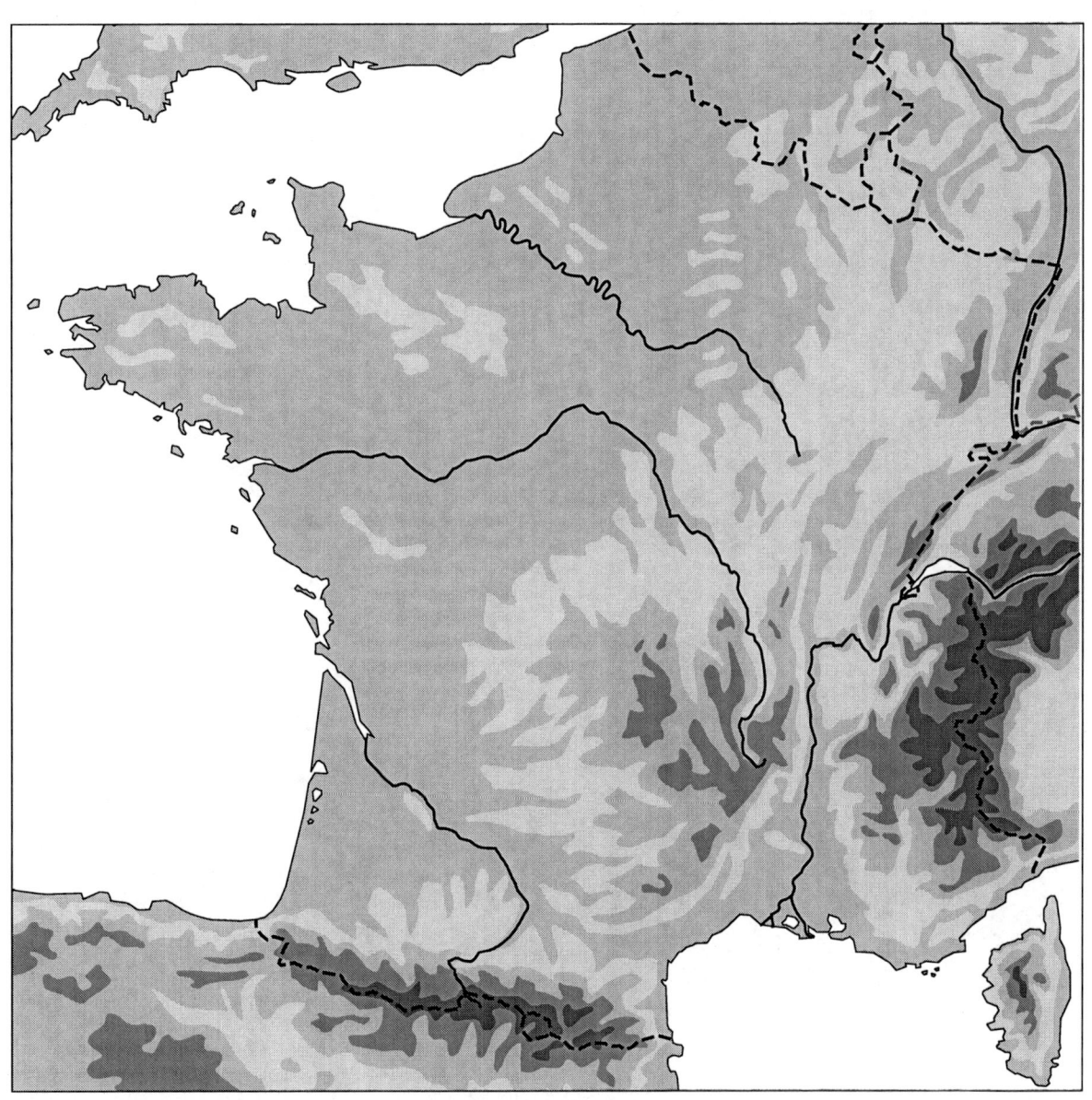

« Le papier de cet ouvrage est composé de fibres naturelles, renouvelables, recyclables et fabriquées à partir de bois provenant de forêts gérées de manière responsable et durable »

N° d'éditeur : 10201390 - CGI - octobre 2013
Imprimé en FRANCE par Jouve à Mayenne - N° 2124438L